똥쌤의 3초 영문법

즐겁게 웃으며 하는 영어 공부

똥쌤의 3초 영문법

3 SECONDS GRAMMAR

신혜영 지음

다연
DAYEONBOOK

들어가는 글

하이 친구들~
마이 네임 이즈 똥. (내 이름은 똥이에요.)
하하하.
나이스 투 미츄. (만나서 반가워요.)

똥쌤은 영문법이 너무 어려워서 영어를 포기하려고 했답니다.
그래서 이 책을 쓰게 되었어요.

이 책은 마법에 걸린 책이라서 친구들이 이 책을 10번만 읽으면
똥쌤처럼 영어를 잘할 수 있게 된답니다.
3초면 끝나는 영문법
우리 함께 시작해 볼까요?

이 책을 읽기 전에

똥쌤 책 마법에 퐁당

① 책을 편다.

② 엄마의 칭찬을 듣는다.

③ 읽는다.

④ 조금씩 읽지 말고 한 번에 최대한 많이, 오래 읽는다.

⑤ 책을 처음부터 끝까지 10번 읽는다.

⑥ 똥쌤과 함께하는 영문법 요점 정리만 읽는다.

⑦ 요점 정리를 읽고 난 뒤 설사똥 – 된똥 – 황금똥 순서로 똥 만들기를 해 본다.

⑧ 황금똥까지 마쳤다면 기분 좋게 문제집을 푼다.

책을 펼치신 부모님께

'뭐? 똥책?' 하시겠죠? 어머니, 눈 튀어나오겠어요.

'이게 공부가 되겠어?'

책을 펼쳐 보고는 그런 생각을 하실 수 있습니다.

'왜 하필 똥이래?'

아이를 키우는 학부모님이라면 '아하!' 하시겠죠?

대부분의 아이는 똥을 좋아한답니다.

하하하 깔깔깔 웃으면서 우리 친구들이 똥쌤과 함께 즐겁게 영어 공부를

하면 좋겠다는 마음입니다.

효과적인 방법

❶ 아이가 책을 잡는 순간 칭찬한다.

❷ 아이가 책을 반복하여 읽는 것을 그냥 본다.

❸ 부모님이 검사하지 않는다.

❹ 스스로 알게 한다.

잘 부탁드려요. 그럼 시작해 볼까요?

똥쌤과 함께라면

선생님! 영어 문법 때문에 정말 너무 힘들어요.
영어 문법 공부 좀 쉽게 할 수 없을까요?

당~ 연~~ 히~~~
선생님과 함께라면
영어 공부 즐겁게 할 수 있죠.
즐겁게 공부하지 않으면
머릿속으로 들어간 영어가 콧구멍으로 나오거든요.
웃으면서 공부한 영문법은 여러분의 연예인이 되어
평생 웃게 만들어 줄 테니 걱정 붙들어 매고
지금부터 책을 펴서 재미있게, 읽·기·만! 하면 됩니다.

준비되었나요?
그럼~ 출~ 발!

선생님이 아주 웃겨 가면서 여러분의 영어 문법을

아주 그냥 확 그냥 막 그냥

조물조물해서 부드럽고 만만하게 만들어 줄게요.

그럼 우리 함께 영어 문법 시작해 볼까요?

렛츠 고고고!!!

스스로 책을 펼쳐

책장을 쭉쭉 넘기며 까르르르 킬킬거리며 웃고

부모님이나 선생님의 도움 없이도

그 어떤 영어 스트레스 없이도

쉽고 재미있게 스스로 공부할 수 있게 해 주는

똥쌤의 3초 영문법!

이 책을 펼친 여러분을 진심으로 환영합니다.

반가워요~

똥쌤의 3초 영문법은요

📢 **즐거운 놀이입니다.**

아이들은 내용이 쉽고 만만해 보일 때 비로소 공부를 즐기기 시작합니다.

즐기기 시작한 학습은 더 이상 공부가 아니라 즐거운 놀이이죠.

📢 **재미있습니다.**

구어체로 되어 있어서 책장이 술술 넘어 갑니다.

웃음이 빵빵 터지며 즐거운 영어 공부가 시작됩니다.

📢 **간단합니다.**

복잡한 영어 예문이 없기 때문에 스트레스 없이 즐겁게 공부할 수 있습니다.

간단한 내용을 반복함으로써 자연스럽게 이해하고 암기할 수 있습니다.

문법 문제가 없습니다.

개념을 위한 책이기 때문에 문법 문제를 없앴습니다.

문법 문제를 틀리면 아이들이 기분 나쁘다고 책을 덮을 수도 있으니까요.

무조건 즐거움에 초점을 두었습니다.

스스로 공부하게 합니다.

어려운 낱말도 한자어도 없습니다.

선생님이나 부모님의 도움 없이도 척척척 스스로 공부할 수 있게 합니다.

스스로 공부하며 알아 가는 참 기쁨을 느끼게 합니다.

차 례

들어가는 글 ···5

이 책을 읽기 전에 ···6

똥쌤과 함께라면 ···8

똥쌤의 3초 영문법은요 ···10

1

똥글똥글 염소똥

UNIT 01 이름이 똥쌤이야? **명사** ···18

UNIT 02 단순하게 복잡하게 **단수와 복수** ···22

UNIT 03 똥 냄새 **셀 수 없는 명사** ···26

UNIT 04 뱀꼬리 s **셀 수 있는 명사의 복수형** ···28

UNIT 05 대왕똥구멍 **A E I O U** ···30

UNIT 06 더듬더듬 더듬이 **관사 a / an / the** ···34

UNIT 07 더더더더더더더 **관사 the** ···39

UNIT 08 이것저것 요리조리 이것저것들 **this / that / these / those** ···44

UNIT 09 똥쌤의 다른 이름 나, 너, 그녀 **대명사** ···47

One more time ···51

2

꼬불꼬불 똬리똥

UNIT 01 뿌지직 똥싸다 **동사** ···58

UNIT 02 뿌지직 똥싸다 3왕족 **동사의 종류** ···60

UNIT 03 킹왕짱 똥싸 **be동사** ···66

UNIT 04 뚱땡이 똥싸와 천사 똥싸 **일반동사** ···68

UNIT 05 팬클럽을 몰고 다니는 아이돌 **3인칭 단수** ···71

UNIT 06 졸졸 따라다니는 팬클럽들 **3단-일반동사 변화** ···74

UNIT 07 난 항상 궁금해 **의문문** ···76

UNIT 08 두더지 두 마리의 놀라운 반전 **일반동사의 의문문** ···80

UNIT 09 뱀꼬리와 팬클럽의 싸움 **복수형과 3인칭 단수의 s / es 비교** ···86

UNIT 10 똥쌤은 못생겼다 **부정문-3인칭 부정** ···90

UNIT 11 주어는 붕어 친구니? **주어** ···95

UNIT 12 형은 용감한 사람입니까? **형용사** ···98

One more time ···101

3

빛나는 황금똥

UNIT 01 네 주머니에 똥 있니? **의문형(There is / There are)** ···110

UNIT 02 끄덕끄덕 **긍정문** ···113

UNIT 03 동사의 맨얼굴 **동사원형** ···116

UNIT 04 나는 똥을 싸고 있는 중이다 **현재진행형** ···119

UNIT 05 나는 be동사가 어제 한 일을 알고 있다 **be동사의 과거형** ···124

UNIT 06 어젯밤 12시에 뭐 했니? **과거진행형** ⋯126

UNIT 07 누가 방귀를 뀌었어? **의문사** ⋯129

UNIT 08 킹왕짱과 6형제의 합체 **be동사 의문문** ⋯132

UNIT 09 뚱땡이와 6형제의 합체 **일반동사 의문문** ⋯134

One more time ⋯138

4
—

단단한 된똥

—

UNIT 01 의문사 What의 졸졸이 친구 **time** ⋯146

UNIT 02 의문사 How의 졸졸이 친구들 **many / much** ⋯149

UNIT 03 의문사 How의 졸졸이 친구 **old** ⋯151

UNIT 04 투명 얼굴의 진실 **it의 용법** ⋯153

UNIT 05 파티 먹방에는 잔칫상 **전치사** ⋯155

UNIT 06 시간에 따라 달라지는 잔칫상 **시간 전치사** ⋯158

UNIT 07 장소에 따라 달라지는 잔칫상 **위치 전치사** ⋯159

UNIT 08 방향에 따라 달라지는 잔칫상 **방향 전치사** ⋯161

UNIT 09 부자 만들어 주는 도깨비 **부사** ⋯162

One more time ⋯166

5
—

폭탄 설사똥

—

UNIT 01 똥 먹으면 죽어! **명령문** ⋯172

UNIT 02 공부하지 마! **부정명령문** ⋯175

UNIT 03 대박! **감탄문** ⋯178

UNIT 04 인터넷 접속은 중요해 **접속사** ⋯183

UNIT 05 도와줘~ 동사 **조동사** ⋯185

UNIT 06 뭐든지 할 수 있는 캔 **can** ⋯187

UNIT 07 내일 나는 똥파리를 죽일 거야 **will** ⋯189

UNIT 08 시 제목: 어제, 오늘, 내일 **시제** ⋯191

UNIT 09 킹왕짱의 날씬한 과거 **be동사 과거형** ⋯193

UNIT 10 똥땡이의 뚱뚱한 과거 **일반동사 과거형** ⋯195

One more time ⋯200

6

—

방구만 뽕뽕 변비

—

UNIT 01 네 똥이 더 큰데? **비교급** ⋯206

UNIT 02 누구 똥이 제일 큰가? **최상급** ⋯210

UNIT 03 으뜸이 주어 **주어** ⋯213

UNIT 04 구구절절 엄마의 잔소리 **구와 절** ⋯216

UNIT 05 사장님 똥싸 **사역동사** ⋯218

UNIT 06 눈, 코, 입, 귀 느낌 있게 똥싸 **지각동사** ⋯220

One more time ⋯223

반복에 대하여 ⋯228

친구들에게 ⋯229

학부모님들께 ⋯232

1

똥글똥글
염소똥

이름이 똥쌤이야? 명사

안녕? 친구들!

만나서 반가워요~

친구들은 똥을 좋아하나요?

선생님은 똥을 엄청 좋아한답니다.

왜냐면요~

선생님은 어릴 적부터 변비가 무척 심했어요.

그래서 똥을 만나는 날이면

정말로 하늘을 날 듯 행복했답니다.

그 이후로 똥을 사랑하게 되었어요.

그래서

선생님 이름이
❀똥쌤이랍니다.

앞으로 주~욱 똥쌤이라고 불러 줘요.

그럼 이제부터 똥쌤이랑 즐겁게

영어 공부를 해 볼까요?

고고고!!!

> **Q** 쌤 이름이 뭐라고요?
>
> **A** 똥이요.

사람의 이름은 중요하죠?

영어에서도 이름이 중요해요. 이름은 영어로 네임(name)이라고 하는데
또 다른 말(품사)로는 **명사**라고도 해요.

쌤 이름은 '똥'이에요.

명사는 물건의 '이름'이에요.

Q 친구들 이름은 뭔가요?

이건 다 명사예요.

Q 친구들 방에 있는 물건들 이름은 뭔가요?

이것도 다 명사예요.

명사는 이름이다.
이름은 명사다.

쉽죠?
그럼 다음 장으로 고고!!

명사는 　이　름　이다.

단순하게 복잡하게 단수와 복수

집에서 키우는 개똥이가 똥을 쌌어요.

똥 덩 어 리 하 나.

📢 엄마: 개똥이 똥 좀 치워라.

헐~ 개똥이 똥 치워야 하는데.

하나라고?
하나니까.

아! 똥 치우기 단순하다.
그래서 두 글자로

단수

그런데

개똥이가 동네 개 친구들을 몽땅 우리 집으로 데리고 와서
생일 파티를 했는데 모두 배탈이 난 거예요.

똥이 3개

똥이 10개

똥이 진짜 많다. 38개….

🔊 엄마: 똥 치우렴.

으~ 치우기 복잡하다.
그래서 두 글자로

복수

우~ 웩~~ 냄새

1개 = 단순 = 단수

여러 개 = 복잡 = 복수

친구가 나를 한 대 때렸어요.

그럼 나는 친구를 몇 대 때릴 건가요?

두 대?

세 대?

이런 게 복수예요.

하하하하하하하~

농담입니다. 저스트 키딩!

(친구 때리면 큰일 나요!)

여러 개를 나타내는 말을 복수라고 합니다.

 똥쌤과 함께하는 영문법 요점 정리

명사는 이 름 이다.

명사는 1개인 단 수 와 여러 개인 복 수 가 있다.

똥 냄새 셀 수 없는 명사

친구들 똥은 어떤 냄새가 나나요?

똥쌤 똥은 향기가 나요.

꽃향기·····

Q 똥은?

Q 이름의 또 다른 말을 뭐라고 하나요?

A 명사

Q 개수가 하나면?

A 단수

Q 똥은 명사죠. 그러면 '냄새'는?

A 명사

와~ 천재이심!

Q 그런데 냄새는 셀 수 있을까요?

A 못 세죠.

명사는

셀 수 (있는) 명사와

셀 수 (없는) 명사가 있다.

똥 냄새나 방귀,

이런 건 셀 수가 없어요.

똥쌤과 함께하는 영문법 요점 정리

명사는

셀 수 | 있 | 는 | 명사와

셀 수 | 없 | 는 | 명사가 있다.

뱀꼬리 s 셀 수 있는 명사의 복수형

셀 수 있는 명사는

원(1) 투(2) 쓰리(3)로 세면 되죠.

그런데 산에는 나무가 엄청 많죠?
이럴 땐 234769그루의 나무라고 말하지 않고

쉽게

tree(s) / 트리(즈) 라고

뱀꼬리처럼 생긴 '에스(s)'만 명사 뒤에 붙여주면 된답니다.

Q 뱀꼬리 s가 필요한 순간은?

❶ 친구가 날 놀렸을 때

❷ 셀 수 있는 명사가 여러 개일 때

정답은? ❷

이름은 │명│사│

명사가 1개면 │단│수│

명사가 여러 개면 │복│수│

셀 수 있는 복수명사는 명사 뒤에 뱀꼬리 │ s │를 붙인다.

대왕똥구멍 AEIOU

Q 오른손에 손가락 몇 개?
A 5개

Q 왼손에 손가락 몇 개?
A 5개

Q 오른발에 발가락은?
A 5개

Q 왼발에 발가락은?
A 5개

Q 알파벳에 발가락은?
A 5개

푸하하하하

알파벳에 발가락이 어디 있어요?

하지만 다섯 개의 중요한 알파벳이 있어요.

뭘까요?

에이 / 이 / 아이 / 오 / 유

A / E / I / O / U

이 5개의 똥구멍을 모음이라고 해요.

왜 똥구멍?

우리는 똥구멍이 없으면 배가 빵 터져서 죽을 거예요.

흑흑흑!

그래서 똥구멍은 아주 중요한 것이죠.

에이, 이, 아이, 오, 유

5개의 모음이 없으면

우리는 영어를 모이게 할 수 없어서 죽을 거예요.

그래서 모음은 아주 중요해요.

혼자서 쓰이지 않고 다른 알파벳을 모음해 주는 5개의 중요한 모음.

중요한 알파벳 5개의 이름이 뭐라구요?

(AEIOU)

5개의 똥구멍이니까

대 왕 똥 구 멍

이라고 이름 지어 볼게요.

대왕똥구멍은?

A. E. I. O. U

잘했어요.

똥쌤과 함께하는 영문법 요점 정리

대왕똥구멍은 몇 개?
알파벳 5개
A E I O U!

대왕똥구멍이 하는 일은?
다른 알파벳들을 모음
그래서 모음

더듬더듬 더듬이 관사 a / an / the

명사라는 애벌레가 살고 있었어요.

꼬물꼬물 기어가는 애벌레를 상상해 봐요.

Q 그런데 자세히 살펴보니

애벌레 머리에 삐쭉 튀어나온 게 있어요.

뭘까요?

힌트 **라바 머리**

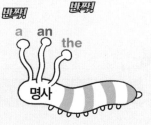

A 네! 바로 더듬이죠?

명사 앞에는 항상 더듬이인 관사가 필요하답니다.

Q 뭐가 필요하다고요?

A 더듬이

애벌레에게 눈과 귀가 되어 주는 더듬이, 없으면 안 되겠죠?
더듬이가 없으면 똥통에 빠져 죽을지도몰라요.

명사 앞에도 숫자가 하나인지 여러 개인지, 좀 특별한지를 나타내 주는
관사가 꼭 필요하답니다. 명사 앞머리에 더듬이 관사가 없으면 길을 잃어
진짜 똥통에 빠질지도 몰라요.

Q 뭐가 필요하다고요?

A 더듬이 관사

더듬이 관사는

(a, an, the)

(어, 언, 더)

명사 앞머리에

삐죽 나온 더듬더듬 더듬이 = 관사

a

a n

t h e

명사 앞에 나오는 더듬이 3개 관사 a, an, the를 살펴볼게요.

a(어) / an(언)

뜻 하나의

하나의 바나나를 영어로 하면

a banana(어 바나나)

하나의 사과를 영어로 하면

an apple(언 애플)

그런데 a / an 둘 다

'하나'라는 뜻인데

왜 달라요?

이 차이는 5개의 중요한 알파벳 대왕똥구멍 때문입니다.

대왕똥구멍(A, E, I, O, U)으로 시작하는 명사 앞에는

an을 붙여 줘야 한다는 중요한 사실.

나머지 알파벳으로 시작하는 명사 앞에는 a.

a 뒤에 대왕똥구멍이 나오면

말소리가 뚝 끊겨 말을 더듬거리는 것처럼 보이거든요.

❶ I have a apple.

아이 해브 어 애플.

❷ I have an apple.

아이 해브 언 애플.

(나는 사과 하나를 가지고 있다.)

이렇게 천천히 읽을 땐 ❶과 ❷ 문장의 읽는 속도가 같아 보이지만

좀 더 연결해서 발음해 보면

❶ 아이 해브 어 애플.
❷ 아이 해번 애플.
(해브 언을 해번으로 자연스럽게 연결 가능)

❶번의 경우 해브 어와 애플 사이가 벌어져서 한 박자 쉴 수밖에 없어요.
❷번의 경우 해번과 애플이 빈틈없이 자동 연결되어서 더 빠르게 발음할
수 있어요.
❶과 ❷ 둘 다 큰 소리로 여러 번 읽어 보면 그 차이점을 알 수 있을 거
예요.

똥쌤과 함께하는 영문법 요점 정리

Q a / an의 차이는?
A 대왕똥구멍으로 단어가 시작되면 an!

Q a / an의 공통점은?
A 둘 다 '하나의'라는 뜻이다.

관 사 이다.

더더더더더더더더 관사 the

명사 앞에 붙는 더듬이 관사 a / an 은 살펴보았죠?

그럼 이제 남은 관사 더(the)를

더 알아볼까요?

더?

더더

더더더

더더더더

미안··· 정신 차릴게요.

더 주세요!^^

뭐지?

a / an은 **무조건** 셀 수 있는 명사 앞에 써야 했지만

the는 셀 수 있는 명사, 셀 수 없는 명사

상관없이 쓸 수 있어요.

the

뜻 그

친구들: 엄마, 똥 책 너무 재밌어요.
엄마: 아… 그 책? 엄마도 그 책 재밌더라.

친구들: 엄마, 그런데 똥쌤도 진짜 웃겨요.
엄마: 아… 그 쌤? 그 쌤 진짜 웃겨.

그 책과, 그 쌤을 영어로 하면?

the book(더 북), the teacher(더 티철)입니다.

The book

아~ 진짜 쉽죠?

그런데 무조건 the를 써야 하는 경우가 있어요.

언제요?

악기에는 예스 더듬이

피아노, 첼로, 바이올린, 플루트 등의 악기를 연주할 때는
더듬이 the가 필요해요.
상상해 보세요.

피아노를 치는데 피아노에서
더듬이가 나와서 손가락이 여섯 개로 늘어나는 거예요.
피아노, 첼로, 바이올린, 플루트 등의 악기를 연주할 때
손가락이 하나 더(the) 생기면
훨씬 더 훌륭한 연주가 된답니다.

그래서 악기 앞에는 더듬이 the를 꼭 붙여요.

하지만

the를 안 쓰는 경우도 있어요.

운동할 때는 노 더듬이

운동을 하는데 더듬이가 있다고 생각해 봐요.

농구하는데 머리에 더듬이가 있어요.

무거워서 못 뛰어요.

축구하는데 더듬이가 있어요.

힘들어서 못 뛰어요.

웃기죠?

빨리 뛸 수 있을까요?

그래서 운동할 때는 더듬이 관사가 필요 없어요.

밥 먹을 때도 노 더듬이

더듬이가 밥그릇에서 나온다고 생각해 봐요.

맛있을까요?

우웩~

밥맛 떨어지죠?

그래서 아침, 점심, 저녁 식사에는 the를 붙이지 않아요.

❶ 똥 = 나의 이름 　명　사

❷ 더듬이 = a / an / the = 　관　사

❸ 명사 1개 = 　단　수

❹ 명사 여러 개 = 　복　수

❺ 모음 5인방 = 　A　E　I　O　U

❻ 하나의 뜻을 가진 더듬이 관사 = 　a　/　a　n

❼ '그'의 뜻을 가진 더듬이 관사 = 　t　h　e

❽ the를 항상 써야 할 때 = 　악　기

❾ the를 안 써도 될 때 = 　운　동　,　식　사

이것저것 요리조리
이것저것들 this / that / these / those

'이것'은 영어로 뭐예요?

this(디스)

'저것'은 영어로 뭡니까?

that(댓)

댓 똥

디스 똥

가까우면 **this** 디스

멀면 **that** 댓

명사가 하나 있으면? 단수

여러 개 있으면? 복수

베리 굿!

이것들, 저것들이 복수. 여러 개가 있으니 복수.

이것들은 these 디즈

저것들은 those 도즈

디즈 도즈는 꼭 외워주세요.

복수는 뱀꼬리가 필요하다고 했죠?

뱀꼬리 알파벳 s를 명사 뒤에 붙이는 것

잊지 말아요.

these books 디즈 북ㅅ

those books 도즈 북ㅅ

"디즈 북스"라고 정직하게 발음하면 80점

"디즈 북ㅅ"라고 '스' 발음을 있는 듯 없는 듯 발음하면 100점

알파벳을 외우는 것보다 발음을 외우는 게 더 중요해요.

디스 댓 디즈 도즈

10번 크게 외쳐 볼까요?

이것   T h i s

저것   T h a t

이것들   T h e s e

저것들   T h o s e

똥쌤의 다른 이름 나, 너, 그녀 대명사

명사는 이름이랬죠?

그래서 똥쌤의 똥은 명사입니다.

그럼 똥쌤의 또 다른 이름은 무엇일까요?

나

쌤 입장에서

쌤은 나죠.

너

친구들이 보기에

똥쌤은 너지요.

그녀

지나가는 똥개가 보기에

똥쌤은 그녀도 될 수 있네요.

그 남자

이건 아니다.

쌤은 콧수염 없는 여자예요.

똥쌤의 이름을

대신할 수 있는 이름

대신 명사를

대명사라고 합니다.

대명사란 명사를 대신할 수 있는 것

제2의 이름 = 큰 이름

입니다.

대명사를 살펴볼게요.

나: I(아이)
너: you(유)
그: he(히)
그녀: she(쉬)
그것: it(잇)
한 명씩 있으니까 **단수**네요.

이번엔 **복수** 차례.

우리: we(위)
그들(사람): they(데이)
그것들(물건): they(데이)
너희들: you(유)

어? you는 단수랑 복수랑 같네.
너는 you
너희도 you
한 명도 you
두 명도 you
좋다. 이런 거 좋아. 그죠?

아이 러브 유!

왜 대답이 없죠?

ⓠ 대명사란?

ⓐ 대신 명사

　= 명사 대신

　= 나, 너, 그녀, 그, 그들, 너희들

　= 나의 다른 이름들

ⓠ 영어로 생각나는 대명사를 말해 볼까요?

ⓐ 아이유

　가수 아님?

　아이, 유, 히, 쉬, 데이, 위(I, you, He, She, They, We)

UNIT 01 이름이 똥쌤이야? 명사

명사란 무엇이죠?

UNIT 02 단순하게 복잡하게 단수와 복수

단수와 복수의 차이는 무엇이죠?

UNIT 03 똥 냄새 셀 수 없는 명사

셀 수 있는 명사와 셀 수 없는 명사의 예를 들어 보아요.

UNIT 04 뱀꼬리 s 셀 수 있는 명사의 복수형

셀 수 있는 명사를 복수로 만들 때 필요한 것은 무엇일까요?

대왕똥구멍 Ａ Ｅ Ｉ Ｏ Ｕ
알파벳에서 제일 중요한 5개가 무엇이죠?

더듬더듬 더듬이 관사 a / an / the
애벌레 명사 앞에 항상 붙어 나오는 더듬이의 이름이 무엇이죠?

더듬이 3개는 무엇이었나요?

'하나의' 라는 뜻을 가진 더듬이 2개는 무엇이죠?

더더더더더더더 관사 the
'하나의' 라는 뜻을 가진 관사 a(어) / an(언) 말고
셀 수 있는 명사, 셀 수 없는 명사 앞에 붙었던 더듬이가 무엇이었죠?

그 쌤, 그 책을 영어로 뭐라고 하나요?

악기 앞에는 예스 더듬이? 노 더듬이?

운동 앞에는 예스 더듬이? 노 더듬이?

식사 앞에는 예스 더듬이? 노 더듬이?

UNIT 08 **이것저것 요리조리 이것저것들** this / that / these / those
'이것, 저것'을 영어로 하면?

'이것들, 저것들'을 영어로 하면?

똥쌤의 다른 이름 나, 너, 그녀 대명사

똥쌤의 이름을 대신할 수 있는 이름, 대신명사를 3글자로 하면?

큰 이름 = 대명사에는 어떤 것이 있나요?

MEMO

2

꼬불꼬불
꽈리똥

뿌지직 똥싸다 동사

'똥쌤이 뿌지지지지지지지직 똥을 쌌어요!'
이 문장에서

똥은 명사
똥싸다는 동사예요.

간단하게 동사는 똥싸다
입니다.

무슨 소리냐구요?

동사는 똥싸다.
왜?

동사의 법칙

❶ '다'로 끝이 나야 한다.

❷ 행동, 상태를 나타내야 한다.

똥을 싸는 것은 행동을 나타내고
'다'로 끝나니까 동사인 거죠.
명사 뒤에는 똥싸가 나옵니다.

똥쌤과 함께하는 영문법 요점 정리

동 사 는 똥 싸 다.

동사의 법칙 두 가지?

Ⓠ '다'로 끝난다.

Ⓐ 행동, 상태를 나타내야 한다.

동사 세 가지만 한글로 얘기해 볼까요?

먹다. 자다. 싸다.

와~ 부럽다!

뿌지직 똥싸다 3왕족 동사의 종류

동사는?
똥싸다.

똥싸는?
'다'로 끝나고, 행동 · 상태를 나타내는 두 가지 특징이 있었지요?
그럼 이제
동사의 종류를 살펴볼 텐데요.

똥쌤이 재미있는 이야기를 들려줄게요.

옛날옛날에
호랑이 담배 피우던 옛날에
영어나라에는 3명의 왕족이 살고 있었어요.
세 왕족은 처음에는 아주 친하게 지냈어요.
서로 똥도 닦아 주면서요.
그러던 어느 날…
첫째와 둘째가 서로 왕이 되겠다고 아주아주 심하게 싸워서
결국에는

원수가 되고 말았어요.

"니 똥 너무 더러워서 더 이상 못 닦아 주겠어."

"전쟁이다!"

그 첫째와 둘째의 이름이

첫째: 킹왕짱 be(비)동사와
둘째: 뚱땡이 일반동사예요.

이름: be동사
특징: 킹왕짱 잘생김

이름: 일반동사
특징: 힘센 뚱뚱이

둘이 왜 싸웠을까요?

상상해 봐요.

킹왕짱 잘생긴 be동사가 똥을 쌌어요.

킹왕짱 be동사가 뚱땡이 일반동사에게

"야! 뚱땡이 일반동사야. 얼른 내 똥 닦아 줘" 했어요.

뚱땡이 일반동사가 킹왕짱 be동사보다 훨씬 덩치가 큰데도

싸가지 없는 킹왕짱 be동사는 아랑곳하지 않고 막 시켰어요.

킹왕짱 be동사는 매일 뚱땡이 일반동사를 괴롭혔어요.

"야, 뚱땡이 일반동사! 이 멋진 킹왕짱 be동사님의 똥 닦아 달라고!! 영광
인 줄 알아!!!"

일반동사는 be동사가 너무 미웠어요.

그래서 일반동사는 be동사와 친하게 지내고 싶지 않았어요.

그 후로 영어나라에서는 be동사와 일반동사가 붙어 있는 걸

영영 볼 수 없게 되었답니다.

그런데 어떤 학생이 질문을 하네요.

Q 똥쌤, 그런데 be동사랑 일반동사가 어쩔 수 없이
  만나게 되면 어떡해요?

A 와~ 대박 대박! 어떻게 그런 참신한 질문을…

역시… 너는 나의 제자여.
냐하하하!

친절한 똥쌤이 친절하게 설명해 줄게요.

아무리 피해 다녀도 일반동사가 be동사를 만나야만 할 때가 생겨요.

그럴 때 일반동사는 be동사를 만나 아는 척하기가 죽기보다 싫어서

일반동사가 아닌 척 변장을 하기로 했답니다.

일반동사는 어떤 방법으로 변장을 할까요?

❶ 꼬랑지에 ing를 붙여서 현재
  귀여운 고양이인 척 잉잉거리기

❷ 앞이마에 to를 붙여서
  멋있는 척 가면을 쓰기

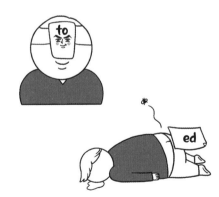

❸ 엉덩이에 ed를 붙이고
  과거의 송장인 척하기

이렇게 꼬랑지에, 이마에, 엉덩이에 다른 것들을 붙여서
일반동사가 아닌 척 연기를 한답니다.
그러면 이 바보 같은 단순한 be동사는
눈치채지 못하고 그만 속고 만다고 해요.
"후유~ 다행이다. be동사 똥을 닦아 주지 않아도 되잖아."
그런데…
영어나라에 3명의 왕족이 살고 있다 했죠?
첫째는 킹왕짱 be동사, 둘째는 뚱땡이 일반동사.
그럼 셋째는 누구일까요?
두둥!
싸움을 싫어하는 막내

천사 조동사.

천사 조동사란?

be동사와 일반동사를 도와주는 천사 동사예요.

천사처럼 착해서 be동사와도 친하고

일반동사와도 친한 아주 착한 동사랍니다.

그래서 be동사와도 일반동사와도 가까이 지낼 수 있어요.

똥쌤과 함께하는 영문법 요점 정리

똥싸다 3왕족

❶  b   e   동   사

❷  일   반   동   사

❸  조   동   사

똥사다 3왕족의 특징

❶ be동사와 일반동사는 원수지간이라서 붙어 다닐 수 없다.

❷ 일반동사는 be동사를 만나면 ing, to, ed 등으로 변장한다.

❸ 조동사는 천사처럼 도와줘서 be동사와 일반동사 모두와 친하다.

킹왕짱 똥싸 be동사

그럼 이제 이 싸가지 없고 자기만 아는 킹왕짱,

킹으로 왕 짱 나는 be동사를 한번 알아 볼까요?

be동사는 3왕족 중 제일 힘이 세요.

힘이 킹왕짱!

be동사 왕족의 세 명의 아들 이름은

am(엠), are(알), is(이즈)

동사 중에 왕.

힘이 제일 세서 결국 똥싸왕이 되었답니다.

뜻 -이다

천하무적 삼총사 be동사는 문장 맨 앞에 나오는 주어와 연결된답니다.

I am: 나는 ○○이다

You are: 너는 ○○이다.

He / She / It is: 그는 / 그녀는 / 그것은 ○○이다.

They are: 그들은 ○○이다.

We are: 우리는 ○○이다.

제일 힘센 동사는

= be동사(비동사)

= am / are / is

뚱땡이 똥싸와 천사 똥싸 일반동사

천하무적 제일 힘이 센 be동사

그와 원수가 된 동사는 다름 아닌 바로

뚱땡이 일반동사였죠.

뚱땡이 일반동사는 아주 일반적이며

자식의 수가 어마어마어마어마하게 많았어요.

be동사의 자식은 겨우 3명뿐이었잖아요.

엠, 알, 이즈.

그런데 이들을 물리치기 위해서 일반동사 왕족은 자식을

어마어마어마어마어마엄 · 마하게 많이 두었어요.

일반동사는 다로 끝나고 행동, 상태, 동작을 나타내는

셀 수 없이 많은 자식 똥싸들을 가졌어요.

be동사와 일반동사 이 두 왕족은 피 터지게 싸워서 결국 원수가 되었고

앞으로 이 두 왕족이 가까이하는 일은 절대 일어날 수 없다고 했죠.

사실 be동사가 이긴 싸움이었고 그로 인해 그 수가 엄청나게

많은 일반동사 자식들은 be동사만 만나면 변장을 해야 했어요.

어쩌면 새로운 전쟁이 시작될지도 모르기 때문이죠.

일반동사는 be동사를 무찌르기 위해

지금도 여전히 동사들을 만들어 내고 있답니다.

그 둘 사이에서 더 이상의 전쟁이 나지 않게 도와주는

천사 왕족이 있다고 했죠?

우리의 천사 조동사 왕족이죠.

조동사는 be동사와도, 일반동사와도 사이가 좋답니다.
그래서 항상 그들 옆에 붙어서 천사처럼 도와주기 때문에
변장할 필요가 없답니다.

천하무적 동사: be동사
뚱땡이 동사: 일반동사
천사 동사: 조동사

be동사: am(엠) are(알) is(이즈)
일반동사: eat(잍) sleep(슬립) play(플레이)…
조동사: can(캔) may(메이)…

팬클럽을 몰고 다니는 아이돌 3인칭 단수

친구들, 아이돌 좋아하나요?

똥쌤도 아이돌을 열심히 좋아할 때가 엊그제 같은데

벌써 78년이 지났네요.

영어나라에도 유명한 아이돌 그룹이 있어요.

이 아이돌 그룹이 없어진다면 영어나라도 사라질지 몰라요.

그만큼 이 아이돌들이 중요하답니다.

그리고 더 중요한 건, 이 아이돌이 나타나면
낮이건 밤이건 항상 꼭 따라다니는 팬클럽!
이 팬클럽도 아주 유명하답니다.
보디가드가 떡하니 막고 있어서 아이돌한테 가까이 갈 수 없는데도
항상 이 아이돌을 따라다녀서 팬클럽까지도 덩달아 유명해졌대요.
오늘 여러분께 그 유명한 아이돌을 소개할게요.

❶ 3명으로 이루어져 있으며
❷ 남자 한 명, 여자 한 명, 그리고 개 한 마리가 팀이에요.

뭐? 개??

그 아이돌의 이름은
3인칭 단수
짧게 줄여
'3단'이라고도 해요.

3단의 정식 이름은
He / She / It
히 / 쉬 / 잇
남자 한 명 / 여자 한 명 / 개 한 마리
라고 생각하세요.

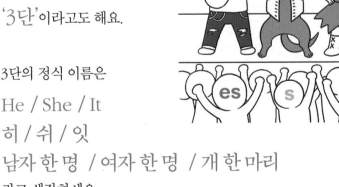

영어나라에서

유일한 연예인이기 때문에

아주 중요한 역할을 하고 있으며

그래서 문장 앞에 나오는 경우가 많지만

다른 대명사(I, You, We, They)보다 훨씬 유명한 연예인이라서

항상 팬클럽이 따라다녀요.

아이돌은 3인칭 단수,

그럼 팬클럽 이름은 뭘까요?

그 이름을 알고 싶다면 뒷장으로 고고씽!

똥쌤과 함께하는 영문법 요점 정리

영어나라 아이돌 이름은?

3인칭 단수 = 짧게 줄여 3단

멤버 이름: He / She / It

항상 팬클럽이 따라다닌다.

졸졸 따라다니는 팬클럽들 3단-일반동사 변화

아이돌 3명 이름이 3인칭 단수

짧게 줄여 3단

개개인의 이름은

남자 한 명 / 여자 한 명 / 개 한 마리

He / She / It

이들을 쫓아다니는 팬클럽의 이름은

s(에스) / es(이에스)

팬클럽 s / es는 연예인 3단의 뒤를 졸졸 쫓아다녀요.

하지만 3단의 경호를 맡고 있는 동사 때문에

3단에게 바짝 붙어 있을 수는 없고

보디가드인 동사 뒤에서만 3단을 쫓아다니죠.

She dance + s.

그녀(3인칭 단수 - 연예인)는 춤을 춘다.

(일반동사 - 연예인 경호원) + s 팬클럽.

He swim+ s.

그(3단- 연예인)는 수영한다.

(일반동사, 팬클럽으로부터 연예인 보호) + s 팬클럽

불쌍한 팬클럽!

괜히 연예인 쫓아다니지 맙시다.

그냥 똥쌤을 쫓아다녀요.

방귀 냄새 난다고요?

 똥쌤과 함께하는 영문법 요점 정리

영어나라 아이돌 이름: 3단

3단 아이돌 멤버 이름: He / She / It

3단 아이돌 팬클럽 이름: e / es

3단 팬클럽의 위치: 동사 뒤 졸졸졸

난 항상 궁금해 의문문

아, 궁금한 게 있는데…

똥쌤한테는 똥내가 날까요?

꽃향기가 날까요?

진짜로 방귀 냄새가 날까요?

궁금하죠?

'궁금하다'는 '의문스럽다'는 말이에요.

의문문은 뭘까요?

'?'로 끝나는 문장을 의문문이라고 한답니다.

'나 똥쌌다'를 의문문으로 만들어 볼게요.

너 똥쌌니?

의문문이네요.

'나는 밥 먹었다'를 의문문으로 만들어 볼까요?

너 밥 먹었니?

의문문입니다.

물어보는 문장이고 끝에 '?'가 붙어 있으면?
네! 의문문입니다.

의문문에는 두 가지 종류가 있어요.

❶ be동사를 써서 만든 의문문

　　(피똥 아니고 be동사입니다.)

❷ 일반동사를 써서 만든 의문문

첫 번째로 be동사가 있는 의문문을 만들어 볼게요.

그런데 be동사가 뭐더라?

힘센 천하무적 3총사 = 엠 알 이즈

be동사가 있는 의문문 만드는 방법

be동사(엠 알 이즈)를 앞으로 옮겨 오면
끝!

be동사는 힘이 세고 천하무적이라고 했잖아요.

그래서 앞으로 가서 으스대는 것을 좋아해요.

be동사는 한 번에 앞으로 점프하면
간단히 해결!

'똥쌤은 못생겼다'라는 문장을

의문문으로 고치면?

똥쌤은 못생겼나?

'똥쌤 is ugly'에서 고쳐 볼까요?

❶ be동사를 찾는다.

정답: | i || s |

❷ be동사 점프
어디로?
맨 앞으로.
빙고!

Is 똥쌤 ugly?

끝~
쉽죠?

두더지 두 마리의 놀라운 반전 일반동사의 의문문

'?'가 들어가고 물어보는 것을 세 글자로 하면

의문문!

의문문에는 두 가지 종류가 있어요.

be동사의 의문문은 be동사를 앞으로 점프만 시키면 간단히 해결.

왜?

be동사는 작고 가벼우니까 점프를 잘해요.

be동사는 피똥싸라서 급하잖아요.

그래서 빨리 의문사로 바꿀 수가 있어요.

그럼 이번에는

일반동사의 의문문.

일반동사는 '일반적인 똥싸'라서 종류가 너무 많아요.

be동사 자식 몇 명?

3명.

일반동사 자식 몇 명?

1, 2, 3, 4, 5, 6, 7, 8, 9, …100…109…205…

(아, 세다가 포기함. 너무 많음!)

그래서 일반동사를 앞으로 보내는 것은 너무 힘이 들었어요.

그리고 일반똥은 피똥이랑 다르게 오래 걸리기도 하잖아요.

급하지 않으니까요.

그리고 힘센 be동사가 으름장을 놓으며 말했어요.

"넌 뚱뚱하고 동사의 수가 많으니, 앞으로 나갈 수 없어.

날씬하고 가볍고 3개밖에 없는 나 be동사만 앞으로 나갈 수 있는 거야."

be동사는 의문문을 만들 때
한 번에 점프로 끝이잖아요.

그래서 일반동사도 따라서 점프하다가
be동사에게 걸렸고,
엄청 얻어맞았어요.
흐아아아앙!

일반동사는 곰곰이 생각했죠.
어떻게 하면 앞으로 갈 수 있을까?
어떻게 하면 의문문을 만들 수 있을까?

아~하!

점프를 하지 말고
땅을 파자.
땅을 파서 앞으로 가는 거야.

왜 땅을 파서 앞으로 가냐고요?
의문문을 만들려면 앞으로 가야 하잖아요.

그래서 일반동사는

두더지가 필요했어요.

두더지가 땅을 파고 맨 앞으로 가고

그 땅굴을 통해 몰래 일반동사를 데리고 문장 앞으로 가려고 했는데

일반동사가 너무 뚱뚱해서 땅속으로 가다가

땅굴 입구에 딱 끼었어요.

(헉! 나 몸이 끼었어. 하악하악 힘들어… 못 가겠다!)

그냥 재빨리 **두더지**만 보내서 의문문을 만들어야겠어.
괜히 의문사 만든다고 나까지 앞으로 갔다가
be동사한테 걸리면 또 엄청 맞고 피똥쌀지도 몰라.
난 자신이 없어.

그래서 일반동사는 의문문을 만들 때 **두더지**만 앞으로 보냈답니다.
두더지가 앞에 가 있으면 일반동사의 의문문입니다.

두더지 두 마리는 어떻게 생겼나요?

Do / Does
(두 / 더즈)

두 더즈. 두더지가 문장 맨 앞에 있으면
'아! 이게 일반동사를 가진

의문문이구나' 하고 생각하면 돼요.
Do / Does가 문장 앞부분에 보이면
'아! 두더지가 일반동사 의문문을 만들려고 땅을 파서 앞으로 간 거네'
하면 됩니다.

지금까지 일반동사의 의문문이었습니다.

'?'가 들어간 문장은: 의 문 문

be동사 의문문: be동사만 앞으로 가볍게 점프

일반동사 의문문: 두더지가 앞으로 땅을 파서 전진.

두더지: Do / Does

두더지가 앞으로 간 까닭은? 일반동사 의문문을 만들려고

뱀꼬리와 팬클럽의 싸움
복수형과 3인칭 단수의 s / es 비교

일반동사의 의문문을 만들어 주는

두더지 두 마리를 살펴볼게요.

do와 does

무슨 차이가 있나요?

(es 차이가 있죠?)

s / es 어디서 많이 들어 봤는데?

생각이 안 나면 앞으로 고고고고고고고고!

힌트: s / es는 두 번 나왔답니다.

친구들 찾으셨나요?

❶ 뱀꼬리

❷ 팬클럽

뱀꼬리가 's / es'였는데 어디에 쓰였죠?

명사가 여러 개일 때 붙여 줬답니다.

하나가 아니라 여러 개의 복수 물건이 있을 때 뱀꼬리가 필요했어요.

팬클럽 's / es'는 누구 팬클럽이었죠?

3단의 팬클럽이죠.

생긴 것은 비슷한데 절대 같을 수가 없어요.

뱀꼬리 수천 마리가 3인칭 단수 아이돌을 좋아서

쫓아다닌다고 생각해 봐요.

경찰이 와서 다 잡아가겠죠?

생긴 건 같지만 아예 다른 종류랍니다.

뱀꼬리는 뱀이잖아요. 팬클럽은 뱀이 아니에요.

냐하하하하~

이 둘의 차이점이 뭐였죠?

뱀꼬리 's / es'는 명사가 여러 개 있을 때 명사 뒤에 붙여 줬구요.

an apple	apples
a box	boxes

팬클럽 s / es는 'He, She, It'이라는 3단 아이돌 그룹을 항상 쫓아다니는 팬클럽으로서 일반동사 경호원에 가로막혀 경호원 뒤에 붙어 다닌다고 했어요.

> She eats 똥.
>
> ⓠ 위의 문장에서 일반동사는 어떤 건가요?
> ⓐ eat
>
> ⓠ 팬클럽은 어디에 있게요?
> ⓐ eat 뒤
>
> ⓠ 대명사는 뭐게요?
> ⓐ She

Do / Does의 차이점

Do 의문문	일반인을 위함	Do you eat 똥?
Does 의문문	연예인을 위함(He / She / It)	Does she eat 똥?

Ⓠ s / es의 정체는요?

Ⓐ 뱀꼬리와 팬클럽

Ⓠ 뱀꼬리는 언제 쓰이나요?

Ⓐ 셀 수 있는 명사가 여러 개일 때 's / es' 붙여 줘요.

Ⓠ 팬클럽은 누구를 따라다니나요?

Ⓐ 3단 아이돌

 이 나오면

　동사(경호원) 뒤에 s / es가 따라다녀요.

Ⓠ 뱀꼬리와 팬클럽의 같은 점은요?

Ⓐ 's / es'로 똑같이 생겼어요.

똥쌤은 못생겼다 부정문-3인칭 부정

똥쌤은 못생겼죠?

에이~ 못생긴 거 알아요.

똥쌤… 똥 냄새 나죠?

그래도 똥쌤이니까…?

아니다.

= No(노) = not(낫) = 부정문

| 아 | 니 | 야 |는| 부 | 정 | 문 |이죠.

부정문에는 not만 붙이면 돼요.

똥쌤 is ugly. → 긍정문

맞아. 이건 10퍼센트 사실이야.

똥쌤 is not ugly. → 부정문

이건 99퍼센트 사실이야.

엥? 뭐지?

결론은, 똥쌤은 못생겼다.

의문문에는

❶ be동사의 의문문

❷ 일반동사의 의문문

이렇게 있었죠?

부정문 만들 때도

❶ be동사의 부정문

❷ 일반동사의 부정문

으로 할게요.

먼저
be동사 부정문은 어떻게 만들까요?
(삼총사 am are is) 뒤에 not만 붙여 주면 돼요.

오메~ 엄청 쉽구만!

그럼 일반동사 부정문도
일반동사 뒤에 not을 붙인다?
땡!

의문문 만들 때 누군가가 일반동사를 도와줬는데 기억나나요?
be동사는 의문문 만들 때 앞으로 점프를 해서 가뿐히 만들었는데
일반동사는 그럴 수 없어서 땅 파는 애들이 왔었잖아요.
응?

두더지…
빙고!

일반동사가 의문문에서
두더지를 불렀는데 아주 편한 거예요.
그래서
부정문에도 두더지를 또 부른답니다.

이번에도 잘 부탁해

일반동사는 의문문이나 부정문에서

귀찮으면 두더지 부른다는 거, 잊지 마세요.

일반동사 부정문에 두더지 두 마리 다시 등장!

두더지 뒤에 not을 붙여 일반동사 부정문을 만든다.

do + not = don't (돈트)

does + not = doesn't (더즌트)

I smell 똥.

나는 똥 냄새가 난다.

I do not smell 똥.

나는 똥 냄새가 나지 않는다.

She does not smell 똥.

그녀는 똥 냄새가 나지 않는다. smell: '냄새가 나다'라는 동사

너 방금 똥쌌니?

아니라고?

헉!

그게 부정문이었어.

주어는 붕어 친구니? 주어

너 붕어 아니?

응.

그럼 금붕어는 아니?

응.

그럼 주어도 아니?

….

난 붕어도 알고 금붕어도 아는데

주어는 어떤 물고기야?

Q 명사가 뭐였죠?

A 이름요.

Q 명사를 대신해서 쓰는 게 있었는데, 뭘까요?

A 대명사요.

Q 아이돌 3인방이 누구죠?

A He, She, It이요.

얘들이 다 주어예요.

아… 붕어 친구가 아니었군요.
이름, 명사, 대명사, 3단이 다~ 주어예요.

주어란?
잘난 척하길 좋아해서 맨 앞에 나오는 빠른 물고기.

아… 주어는 금붕어 친구인가?
아니야!

붕어

금붕어

문장 앞으로 돌격!

빠름

잘난척

주어가 아닌 것을 고르시오.

❶ 명사　❷ 대명사　❸ 3인칭 단수　❹ 미꾸라지

아 니 야 는 부 정 문 이고

n o t 이 필요하다.

Q be동사 부정문을 만들려면?

A (be동사 am / are / is) + not

Q 일반동사 부정문을 만들려면?

A 두더지 두 마리 do / dose + not

Q 주어란?

A 명사, 대명사, 3단 연예인

형은 용감한 사람입니까? 형용사

"주어만 잘났나? 내가 없으면
명사는 아무것도 아니라고… 흥! 칫!! 뿡!!!"
이게 무슨 소리일까요?

주어가 잘나가는 건 사실이죠.
그래서 앞에서 뽐내고 있잖아요.
예쁜 척하며 문장 맨 앞에 나와서
홍홍홍 하고 있는데 누군가가 불평을 하네요.

그의 이름은 바로 바로
(형)은 (용)감한 (사)람

최고의 메이크업 아티스트(화장해 주는 사람)가 바로
형용사였네요.
그는 누구인가?

형은 용감한 사람이라 말하고
형용사라 씁니다.

이름: 형용사
성격: 용감한
직업: 메이크업 아티스트(꾸며 주는 사람)

이 형용사는
자기가 맘에 드는 명사나 대명사에게는
예쁜, 아름다운, 사랑스러운 등의
멋진 화장으로 꾸며 줘요.

또 맘에 안 드는 명사나 대명사에게는
더러운, 냄새나는, 역겨운, 못생긴 등의
지독한 화장으로 꾸며 준대요.

예를 들어 공주라는 명사가
맘에 들면 아름다운 공주, 맘에 안 들면 더러운 공주!
그래서 우리는 형용사에게 잘 보여야 한답니다.

형용사에게 잘못 보이면

못생기고 냄새나는 똥쌤이 될 수도 있다고요.

명사의 얼굴을 담당해 주는 형용사는

관사와 명사 사이에 쏘옥 들어가요.

(관사와 명사 앞에서 배웠죠?)

a / an / the와 이름요.

the 예쁜 똥
the 사랑스러운 똥
the 맛있는 똥

지금까지 명사를 꾸며 주는

형용사였습니다.

UNIT 01 뿌지직 똥싸다 동사

똥싸다는 2글자로 무엇이라고 했나요?

똥싸다는 동사라고 한 이유 2가지를 적어 보아요.

UNIT 02 뿌지직 똥싸다 3왕족 동사의 종류

영어나라에 3명의 왕족이 있는데 첫째, 둘째, 막내의 이름이 무엇인가요?

첫째와 둘째가 서로 붙어 있지 않게 된 이유가 뭘까요?

서로 싸우고 난 뒤 둘째 동사는 3가지의 변장술을 부립니다. 3가지의 변장술은 무엇인가요?

첫째와 둘째를 차별하지 않고 잘 도와 주는 천사 동사는 누구인가요?

UNIT 03 킹왕짱 똥싸 be동사
킹왕짱 힘이 센 동사는 누구인가요?

힘센 동사의 세 아들 이름은 뭐죠?

세 아들 다 같은 뜻을 가지고 있어요. 무엇일까요?

UNIT 04 뚱땡이 똥싸와 천사 똥싸 일반동사
뚱땡이 똥싸를 4글자로 하면?

뚱땡이 똥싸는 자식이 몇 명일까요?

천사 똥싸를 3글자로 하면?

팬클럽을 몰고 다니는 아이돌 3인칭 단수
영어나라의 아이돌 3명은 여자와 남자 그리고 누구?

아이돌 3명을 5글자로 하면?

아이돌 3명을 2글자로 하면?

아이돌에게는 항상 누가 따라다니죠?

UNIT 06 졸졸 따라다니는 팬클럽들 3단-일반동사 변화
3단을 쫓아다니는 팬클럽의 이름은 무엇이죠?

UNIT 07 난 항상 궁금해 의문문
궁금한 것을 의문스럽다고 하고 '?'로 끝나는 문장을 무엇이라고 하나요?

의문문에는 2종류가 있어요. 무엇일까요?

힘센 동사의 의문문은 어떻게 만들죠?

UNIT 08 두더지 두 마리의 놀라운 반전 일반동사의 의문문
뚱뚱하고 숫자가 너무 많은 일반동사는 점프를 잘할 수 있나요?

그래서 생각해 낸 방법이?

일반동사가 의문문을 만들 때 꼭 필요한 동물이 무엇인가요?

UNIT 09 **뱀꼬리와 팬클럽의 싸움** 복수형과 3인칭 단수의 s / es 비교
뱀꼬리는 언제 필요한가요?

팬클럽은 누구를 따라다니나요?

뱀꼬리와 팬클럽의 공통점은 무엇인가요?

do와 does의 차이점은?

똥쌤은 못생겼다 부정문-3인칭 부정
'아니야'를 다른 3글자로 하면?

부정문을 영어로 고치면?

의문문처럼 부정문을 만드는 2종류는 무엇이죠?

비동사의 부정문은 어떻게 만드나요?

일반동사의 부정문은 누구를 불러야 하나요?

주어는 붕어 친구니? 주어
이름, 명사, 대명사, 3단처럼 앞으로 나오는 애들을 다 뭐라고 하나요?

형은 용감한 사람입니까? 형용사

어떤 형인데 용감하고 화장을 잘해 주는 사람을 뭐라고 했나요?

형용사는 누구를 꾸며 주나요?

형용사는 누구와 누구 사이에 끼어 있나요?

3 seconds grammar

3

빛나는
황금똥

네 주머니에 똥 있니? 의문형(There is / There are)

삼총사의 뜻은 딱 하나이죠.
뭘까요?
정답은?
-이다.

역시 눈치도 빨라~ 눈치 짱!
그럼 이 문장은 무슨 뜻일까요?

똥쌤 is dirty(덜티).
똥쌤은 더럽다.

yeah~

be동사는 '-이다'라고 해석해요.

그럼 '-이 있다'라는 말을 간단히 만들어 볼게요.
이럴 때는 'There is(데얼 이즈) / are(알-)'이라고
쓰면 되는데요.

'똥쌤이 있다'라는 문장을 만들어 볼까요?

There is 똥쌤.

'똥들이 있다'라는 문장은요?

There are 똥들.

끝.

오메~ 대빵 쉽죠잉~~

그럼 '- 있니?' 의문문 도전!

할 수 있겠어요?

be동사를 써서 문장을 만들었는데

이젠 be동사가 들어 있는 의문문을 만들면 돼요.

be동사 의문문은?

점프.

뒤로? 앞으로?

앞으로 be동사 점프!

"똥쌤 있니?"

Is there 똥쌤? (이즈 데얼 똥쌤?)

똥들 있니?

Are there 똥들? (알 데얼 똥쌤?)

너무너무 잘한다~ 다들 최고입니다!

역시 똥쌤이랑 공부하니까

똥 냄새가 나긴 해도

공부가 재밌죠?

맞으면 똥방구로 대답해 줘요잉~

끄덕끄덕 긍정문

긍정적으로 살자.
여기서 긍정적이란?
고개를 끄덕끄덕,
'그 말이 맞다'고 하는 것이죠.

> **Q** 얘들아, 긍정적인 건 좋은 거지?
> **A** 네!

똥쌤이 뭘 물어볼게요.
긍정적으로 대답해 줘요.
네!

> **Q** 똥쌤 예쁘지?
> **A** …

으… 응…?

Q 똥쌤 좋지?

A 아니요.

(그건 부정문이잖아!)

똥쌤은 긍정적인 친구들이 참 좋아요.

고마워요… 친구들!

 똥쌤과 함께하는 영문법 요점 정리

Q '형은 용감한 사람'을 줄이면?

A 형 용 사

Q 대표 형용사는?

A 용감한

Q 형용사가 하는 일은?

A 명사 화장해 주기

Q '-이 있다' 문장 틀은 어떻게 되죠?

A There is- / There are-

Q '- 있니?' 문장 틀은 어떻게 되죠?

A Is there- / Are there-

Q 끄덕끄덕 문장이란?

A 긍 정 문

Q 긍정문의 반대 문장은?

A 부 정 문

동사의 맨얼굴 동사원형

동사가 뭐라고 했죠?

동사 = 똥싸

왜?

❶ 다로 끝나고

❷ 행동, 동작, 상태를 말해요.

그러면 원형은

원래의 형태 = 쌩얼

쌩얼이 뭐예요?

쌩얼 몰라요?

엄마가 자고 일어났을 때의 얼굴,

116

엄마가 회사 가기 전 얼굴,

엄마가 똥쌀 때 얼굴,

엄마가 씻고 나와 자기 전 얼굴.

(음… 회사 갈 때랑 마트 갈 때랑 아주 다름.

사실 회사 갈 때랑 자기 전 얼굴이랑은 아예 다른 사람임!)

원형은 태어났을 때 그대로의 모습을 말하는 거예요.

Q 다음 중 동사의 원형 쌩얼을 찾아보세요.

❶ eats　　**❷** eating　　**❸** ate　　**❹** eat

정답은?

❶ 팬클럽 s / es가 붙으면 원형이 아닙니다.

　　팬클럽이 동사에 붙는 이유는 3인칭 단수 아이돌 때문이에요.

❷ ing가 붙으면 원형이 아닙니다.

-잉 -잉 귀여운 척 잉잉거리는 것은 원형이 아닙니다.

❸ 과거의 모습은 원형이 아닙니다.

13년 전 아기 피부였던 똥쌤은 이제 없습니다.

❹ 쌩얼 동사원형: eat(먹다)라는 동사원형

아무것도 붙이거나 바꾸지 않고 있는 그대로의 모습이

바로 동사원형입니다.

나는 똥을 싸고 있는 중이다 현재진행형

엄마가 형에게 샤워를 하라고 했다.
형은 지금 씻기가 싫었다.

그래서 이렇게 말했다.

"엄마, 나 지금 똥싸는 중인데… 요."

우와… 형… 천잰데…

여기서 오늘의 포인트가 나옵니다.

형이 말한 문장에서 제일 중요한 건 뭘까요?
똥일까요?

'-하고 있는 중이다'라는 표현요?

딩동댕동~

이것을 다른 말로 '현재진행형'이라고 합니다.

현재진행형이라는 말을 몰라도 되지만
앞으로 영어를 접하는 동안 자주 듣게 될 용어이니까
부담 가지고 외우지 말도록 해요.
응? 뭐래??

아니, 그냥 부담 없이
똥쌤과 함께 외워 봐요.

똥싸는 중이다 = 현재 화장실에서 일을 진행하고 있는 우리 형
-하는 중이다 = 현재진행형

현재진행형 만드는 법:

be동사 + 일반동사원형 + ing

뭐라고요?

be동사와 일반동사가 만난다고요?

그러면 전쟁이 일어나는걸요.
be동사와 일반동사는
절대로 절대로 절대로 붙어 있으면
안 되는 적이라고 했잖아요!

저기… 요…
학생님… 제발
진정하세요.

동사원형이 뭐였지요?
= 동사 쌩얼
바로 앞에서 배웠잖아요.

그래요. 아주 훌륭해요.

그럼 그 동사원형 뒤에 붙어 있는
귀여운 척하는 애가 보이죠?

ing요?
빙고~

be동사와 일반동사가 만날 수 있어요?

아니요, 없어요.
일반동사가 be동사한테 걸리면 바로 맞아요.
맞기 싫어서 어쩔 수 없이
일반동사는 동사가 아닌 척 꼬랑지를 붙여요.
ing 잉~
아~~ 잉~~~
(불쌍하고 귀여운 척 잉~)

그래서 be동사는 일반동사인 줄 모르고 넘어간답니다.
단순한 be동사…
여우꼬리 일반동사…

I go to the bathroom.

현재진행형으로 잉~ 해 볼까요?

Q 현재진행형 만드는 방법은요?

A be동사 + 동사원형 + ing = am + go + ing

I am going to the bathroom.

'나는 화장실을 가는 중이다'라고 현재진행형을 썼네요.

그런데 너 화장실은 뭐 하러 가는 거야?

똥싸러 가는구나.

네 표정 보면 다 알지롱~

잉~~

현재진행형~~~

아 엠 고잉 투 더 배쓰룸.

룰루랄라

쌤은 변비라서 화장실에 가는 게 행복해요.

나는 be동사가 어제 한 일을 알고 있다
be동사의 과거형

Q be동사가 뭐죠?

A am / are / is

Q be동사의 뜻은 뭘까요?

A -이다. 있다.

Q 똥쌤은 지금 못생겼지요?

A 네. (긍정문)

그런데

어릴 때는 진짜 더 못생겼었어요.

Q 그게 가능할까요?

A 아니요. (부정문)

그럼 이제 be동사의 과거인 어제의 얼굴을 살펴볼게요.

be동사는 3개였지만 과거 어제의 얼굴은 2개뿐이네요.

다음 표를 보고 외워봐요.

미안하지만 영어는 암기 과목이에요, 흑흑!

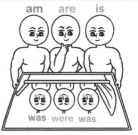

현재: 오늘의 얼굴	-이다, -있다	am	are	is
과거: 어제의 얼굴	-있었다, - 이었다	was	were	was

똥쌤과 함께하는 영문법 요점 정리

Ⓠ 동사의 맨얼굴, 얼을 4글자로 하면?

Ⓐ 동 사 원 형

Ⓠ '나는 똥을 싸고 있는 중이다'를 5글자로 하면?

Ⓐ 현 재 진 행 형

Ⓠ 현재진행형 만드는 방법은?

Ⓐ be동사 + 동사원형 + ing

Ⓠ be동사 어제의 얼굴은?

Ⓐ w a s , w e r e

어젯밤 12시에 뭐 했니? 과거진행형

> **Q** 현재진행형이 뭐였지요?
>
> **A** 아~ 잉~~

징그럽게 왜 이러세요…

어디 아프세요?

아니요.

-ing, ~잉이라구요.

앗!

미안. 사과할게요.

be동사(am / are / is) + 동사원형 + ing

뜻 -하고 있는 중이다

어제 친구들은 밤 12시에 뭐 했어요?

똥쌤은 어젯밤에 악몽에 시달리다가 벌떡 일어났어요.

시계를 보니 밤 12시… 정각… 헉…

옆을 보니 엄마가… 없었어요.

"엄마… 엄마!"

불러도 엄마는 대답이 없었어요.

"엄마… 엄마… 나 무서워… 어디 있는 거야?"

그때 갑자기 방문이

확 열리면서

엄마가 뛰어오며 하시는 말씀

"엄마 똥 누는 중이었어… 왜? 깼어?"

어젯밤에 엄마는 똥을 싸던 중이었어요.

-하던 중이었다.

과거진행형

be동사 자리에 be동사 과거의 얼굴로 교체하면 끝!

was / were + 동사원형 + ing

I was going to the bathroom. (아이 워즈 고잉 투 더 베쓰룸.)

(나는 화장실을 가던 중이었다: 과거진행형)

I am going to the bathroom. (아이 엠 고잉 투 더 베쓰룸.)

(나는 화장실을 가는 중이다: 현재진행형)

I go to the bathroom. (아이 고 투 더 베쓰룸.)

(나는 화장실을 간다: 현재)

I went to the bathroom. (아이 웬 투 더 베쓰룸.)

(나는 화장실을 갔다: 과거)

누가 방귀를 뀌었어? 의문사

방귀 냄새로 꽉 찼어.

으~ 냄새!

누가 방귀를 뀌었지?

언제 뀐 거야, 도대체?

어디서 뀐 거니?

무엇을 뀐 거니?

어떻게 뀐 거야?

왜 뀐 거냐고?

친구들도 의문이죠?

도대체

누가? / 언제? / 어디서? / 무엇을? / 어떻게? / 왜?

뀐 거냐고?

저 많은 질문 뒤에는 항상 '?'가 들어가요.

6형제 의문사

① 누가	② 언제	③ 어디서	④ 무엇을	⑤ 어떻게	⑥ 왜
Who?	When?	Where?	What?	How?	Why?

의문사 하나만 가지고도 문장을 만들 수 있어요.

뭐야? What? / 누구야? Who?

언제? When? / 왜? Why?

그런데 의문사를 써서 질문하면 대답은 절대 절대 절대

yes / no로 할 수 없다는 거!

Q 너 언제 똥 쌌니?

A 응.

Q 이 똥 누가 쌌니?

A 응.

Q 너 바보니?

A 응.

의문문으로 물으면 '예' 또는 '아니오'로 대답할 수 없어요.

대답하면 진짜 바보가 돼요.

이렇게 짧게도 쓸 수 있지만

좀 더 길게 쏴알라 쏴알라 말하고 싶다면

뒷장으로 고고씽!

똥쌤과 함께하는 영문법 요점 정리

Q '엄마는 똥싸는 중이었어'를 5글자로 하면?

A | 과 | 거 | 진 | 행 | 형 |

Q 과거진행형 만드는 방법은?

A was / were + 동사원형 + ing

Q 6형제 의문사는?

A

① 누가	② 언제	③ 어디서	④ 무엇을	⑤ 어떻게	⑥ 왜
Who?	When?	Where?	What?	How?	Why?

킹왕짱과 6형제의 합체 be동사 의문문

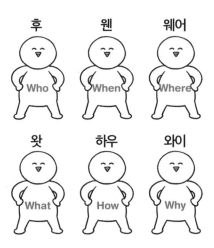

후   웬   웨어
Who   When   Where

왓   하우   와이
What   How   Why

Ⓠ 의문(?)을 가지고 있는 문장을 세 글자로 하면?

Ⓐ | 의 | 문 | 문 |

Ⓠ W나 H로 시작하는 6형제로,
　　간단하게 물어볼 때 쓰는 이것은?

Ⓐ | 의 | 문 | 사 |

의문사 6형제만으로도 물어보는 말이 가능하지만 자세한 내용을

물어보기 위해서는 6형제 의문사와 의문문의 합체가 필요해요.

킹왕짱 be동사의 의문문 만드는 방법, 기억하나요?

그래요, be동사를 앞으로 점프시키면 끝이었죠.

This is a 똥책. (디스 이즈 어 똥책: 이것은 똥책입니다.)

be동사 의문문 바꾸기: be동사가 앞으로 점프

Is this a 똥책? (이즈 디스 어 똥책?)

할 수 있죠?

더 강력한 파워를 위한 합체!

합체를 하면 머리가 되고 꼬리가 되는 게 있죠?

이 머리가 되는 앞부분에

의문사 6형제를 붙여 주는 겁니다.

What is this? (왓 이즈 디스?)
Who is this? (후 이즈 디스?)
Where are you? (웨어 알 유?)
Why is it? (와이 이즈 잇?)
When was it? (웬 워즈 잇?)
How are you? (하우 알 유?)

의문사와 의문문의 합체에서는 의문사가 머리가 된답니다.

뚱땡이와 6형제의 합체 일반동사 의문문

> **Q** be동사 의문문 만드는 방법?
>
> **A** be동사가 앞으로 점프하기만 하면 끝

그런데

일반동사 의문문은?

일반동사는 너무 뚱뚱해서 점프할 수 없다고 했어요.

우리에게 필요한 두더지 두 마리 기억하죠?

오늘의 요리: 일반동사가 들어간 의문문 만들기

준비물: **❶** 두더지 두 마리(do / does)   **❷** 일반동사(eat)

요리 시작

① 일반동사가 들어간 문장을 찾는다.

② You eat 똥.

　'eat(먹다)'라는 일반동사 발견

②, ①의 문장을 뚱땡이 의문문으로 바꾼다.

　뚱땡이 일반동사 의문문에는 두더지 필수!

　→ 두더지가 앞에 가서 땅파기 시작

③ 하이라이트 – 의문사 6형제와 합체한다.

　6형제는 머리로 합체

　→ 의문사 When 넣기

❹ 의문사를 바꿔 넣어 본다.

어떻게 How로 교체하기

똥쌤이 친구들에게

궁금한 게 있는데?

Q 킹왕짱 동사는?

A be동사 am / are / is

Q be동사 의문문?

A be동사가 앞으로 점프

Q 뚱땡이 일반동사의 의문문은?

A 두더지(Do / Does) 출동

Q 의문사 6형제는?

A Who / When / Where / What / How / Why

Q 의문사와 의문문 합체가 가능한가요?

A 헐~ 이게 문제임? 네!

Q 의문사와 의문문이 합체하면 머리에 뭘 끼우면 될까요?

A 6형제

UNIT 01 네 주머니에 똥 있니? 의문형(There is / There are)

be동사의 뜻이 뭐죠?

'-이 있다'를 영어로 하면?

'-이 있니?'를 영어로 하면?

UNIT 02 끄덕끄덕 긍정문

고개가 끄덕거려지고 긍정적인 문장을 뭐라 하죠?

긍정문의 반대를 뭐라 하죠?

동사의 맨얼굴 동사원형

동사의 맨얼굴, 쌩얼을 뭐라 하죠?

동사를 변장시키는 방법은 어떤 것이 있죠?

나는 똥을 싸고 있는 중이다를 5글자로 하면 현재진행형

'-하고 있는 중이다'를 5글자로 하면?

현재진행형 만드는 방법은?

'나는 화장실을 가고 있는 중이다'를 영어로 하면?

나는 be동사가 어제 한 일을 알고 있다 be동사의 과거형

be동사 3개가 뭐지요?

be동사의 과거는 몇 개인가요?

be동사의 과거는 무엇인가요?

어젯밤 12시에 뭐 했니? 과거진행형

엄마는 어젯밤에 무엇을 하던 중이었나요?

'-하던 중이었다'를 5글자로 하면?

과거진행형은 어떻게 만들죠?

누가 방귀를 뀌었어? 의문사

누가 방귀를 뀐 거냐?

'?'로 만드는 문장을 3글자로 하면?

의문문을 만들어 주는 6형제는 누구인가요?

킹왕짱과 6형제의 합체 be동사 의문문

be동사의 의문문 만드는 방법은?

be동사와 6형제를 합체시켜 의문문 만드는 방법은?

뚱땡이와 6형제의 합체 일반동사 의문문

일반동사의 의문문 만드는 방법은?

일반동사와 6형제를 합체시켜 의문문 만드는 방법은?

MEMO

4

단단한
된똥

의문사 What의 졸졸이 친구 time

의문사는 6형제가 있었어요.

W나 H로 시작되는 6형제 기억하나요?

기억나면 한번 써 봐요.

❶ 누가	❷ 언제	❸ 어디서	❹ 무엇을	❺ 어떻게	❻ 왜

오늘은 6형제 중에 넷째 느림보 이야기를 들려줄게요.

넷째 What은 매일 늦잠을 자다가 학교를 지각해요.

선생님은 "What! 너 지금 몇 시야?" 하셨어요.

쉬는 시간에 종 치는 것도 모르고 놀다가 교장선생님과 마주쳤고,

교장선생님은 "What! 너 지금 몇 시야?" 하셨어요.

학교 마치고 놀다가 학원 차 타는 걸 까먹었고,

학원선생님이 전화를 걸어와서는

"What! 너 지금 몇 시야?" 하셨어요.

학원에서 똥싸다가 집에 가는 것도 잊어버리자

엄마가 화가 나서 소리쳤어요.

"What! 너 지금 몇!! 시!!! 야!!!!?"

그래서 What은 이름 뒤에

별명처럼 시간(time)이 따라오게 되었고,

What time is it?

"몇 시야?"가 What의 별명이 되었답니다.

느림보 What이 느릿느릿 행동할 때

함께 물어보면 돼요.

What time is it? (왓 타임 이즈 잇?)

대답할 때는

It is 하면 돼요.

아래 나온 숫자의 철자는 지금 당장 외우지 않아도 되니까
숫자와 발음 정도만 먼저 외워 봐요.
그럼 시간에 대한 답은 다 할 수 있을 거예요.

숫자	발음	철자	숫자	발음	철자	숫자	발음	철자
1	원	one	2	투	two	3	쓰리	three
4	폴	four	5	파이브	five	6	식스	six
7	세븐	seven	8	에잍	eight	9	나인	nine
10	텐	ten	11	일레븐	eleven	12	투웰브	twelve
15	피프틴	fifteen	30	썰티	thirty	45	폴티 파이브	fourty-five

뚱쌤과 함께하는 영문법 요점 정리

Q 의문사 What의 별명은?

A 몇 시야? = What time is it?

Q 10시 반을 영어로?

A It's ten thirty.

Q 5시 10분을 영어로?

A It's five ten.

의문사 How의 졸졸이 친구들 many / much

의문사 What은 "몇 시야?"가 별명이었죠?

이번에는 장사를 하는 의문사 How를 만나 볼게요.

How는 아직 초등학생인데

장사를 해요.

How의 창고에는 사고파는 물건이

아주 많이 많이 가득 있었어요.

그래서 의문사 How는 many (매니)와 much (머치)를

등에 지고 다녔어요.

Many = 계산기

(셀 수 있는) 많은

Much = 저울

(셀 수 없는) 많은

그럼 문장을 한번 만들어 볼게요.

How much is it? (하우 머치 이즈 잇?)

(가격이 얼마입니까?)

How many books are there? (하우 매니 북스 알 데얼?)

(얼마나 많은 책이 있습니까?)

How much water is there? (하우 머치 워럴 이즈 데얼?)

(얼마나 많은 물이 있습니까?)

many books	book 책은 셀 수 있는 명사: 뱀꼬리 s ok!
much water	water 물은 셀 수 없는 명사: 뱀꼬리 s no!

의문사 How의 졸졸이 친구 old

How가 장사를 하기 때문에

many와 much를 등에 지고 다니는데

시장에서 How를 본 아줌마들이 너무 신기해하는 거예요.

초등학생이 장사를 하니까요.

그래서 물었어요.

"니… 도대체… 몇 살이고?"

How old are you?

(하우 올드 알 유?)

old(올드)는 '나이 많은', '오래된'이라는 뜻인데요.

위 문장은 나이를 물어볼 때 쓰는 표현으로,

문장을 통으로 외우면 돼요.

시간과 마찬가지로 대답할 때는 숫자로만 하면 된답니다.

Ⓠ How old are you?
Ⓐ I'm _____ (나이를 숫자로).

똥쌤과 함께하는 영문법 요점 정리

Ⓠ 의문사 What의 별명은?
Ⓐ What time is it?

Ⓠ 의문사 How의 직업은?
Ⓐ 장사꾼

Ⓠ '얼마나' 알지요?
Ⓐ How many / much~?

Ⓠ 넌 몇 살이야?
Ⓐ How old are you?

투명 얼굴의 진실 it의 용법

It은 반쪽 얼굴을 가지고 있어요.

오른쪽 얼굴은 사람 얼굴인데

왼쪽 얼굴은…

귀신이라서 안 보여요.

얼굴이 반쪽밖에 없다니…

무섭죠?

흐잉~

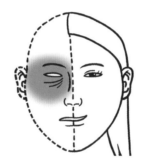

무슨 말이냐면요.

It은 '그것'이라는 뜻을 가지고 있어요.

It이 '그것'이라는 뜻을 가지고 있을 때는 It이 보이는 얼굴이 되지만

시간, 날씨, 날짜, 거리, 명암(밝고 어두움) 등을 나타낼 때는

투명 얼굴이 되어서 아무런 뜻이 없답니다.

그래서 귀신 얼굴이 되어 보이지 않는 거예요.

- 시간: It is three. (3시다.)

'그것은 3시다'로 해석하면 웃기죠?

- 날씨: It is sunny. (맑다.)
- 날짜: It is May 5. (5월 5일이다.)
- 거리: It is 5km. (5킬로미터이다.)
- 명암: It is dark. (어둡다.)

귀신 얼굴일 때 '그것은'이라는 뜻은 보이지 않아요.

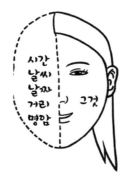

똥쌤과 함께하는 영문법 요점 정리

It은 '그것의'라는 보이는 얼굴과

시간, 날짜, 거리, 명암을 나타내는

귀신의 얼굴을 가지고 있다.

파티 먹방에는 잔칫상 전치사

> **Q** 명사 앞에 나오는 더듬이 3개는?
>
> **A** a / an / the

관사 더듬이 기억나죠?

그 관사 더듬이가 무엇을 열심히 따라가고 있네요.

킁킁~ 맛있는 냄새가 나는데요.

아! 바로 잔칫상이네요.

잔칫상이 뭐예요?

생일 파티나 크리스마스 파티 해 보았죠?

파티를 할 때 빠질 수 없는 것은?

얌얌 쩝쩝,

맛있는 음식이겠죠?

파티를 한국어로 잔치라고 하구요.

잔치에 빠질 수 없는 음식이 가득 올려진 식탁을 상이라고 해요.

그래서 파티 식탁 = 잔칫상

이해되었죠?

맛있는 음식이 가득한

잔칫상을 따라가고 있는

관사 더듬이를 생각해 봐요.

잔칫상을 전치사라고 할게요.

더듬이(관사)가 따라가는 것들이 바로 잔칫상(전치사)

= 잔칫상(전치사) 뒤에는 더듬이(관사)

전치사는 먹는 음식은 아니지만

잔칫상이라고 생각하면 친구들이 쉽게 기억할 수 있을 거예요.

그럼 전치사가 뭐냐구요?

전치사는 하나의 짧은 단어인데요.

액체괴물처럼 작은데

시간에 따라 달라지고

위치에 따라 달라지고
방향에 따라 달라져요.

흐앙~

왜 계속 달라지냐고요?
액체괴물 모양이 달라지지 않으면 재미가 없잖아요.

그럼 관사 앞에 있는 전치사를 좀 더 공부해 봐요.

똥쌤과 함께하는 영문법 요점 정리

잔칫상 = **전치사** = 액체괴물
맛있는 잔칫상에는 다양한 전치사가
시간, 위치, 방향에 따라 액체괴물처럼 마구 달라진다.
더듬이 **관사**는 전치사 뒤로 냄새 맡으며 졸졸 쫓아간다.

시간에 따라 달라지는 잔칫상 시간 전치사

점점 커지는 원 기억하면 되겠죠?

at(앳): 정확한 시간 → at 7
on(온): 특정한 날, 요일 → on sunday
in(인): 시간의 범위 → in 2018, in the morning

장소에 따라 달라지는 잔칫상 위치 전치사

"엄마 내가 아끼는 그 장난감 못 봤어요?"

"방에 봐라."

"방 어디요? 아무리 찾아도 없어요."

이럴 때 참 난감하죠?

엄마가 어디라고 콕 짚어 얘기해 주면 좋겠는데….

이럴 때 전치사가 필요해요.

"장난감은 책상 아래 박스 안에 있어."

"용돈은 옷장 옆 침대 위 이불 밑에 작은 상자 안에 넣어뒀어."

위치 전치사

in: - 안에

on: - 위에

under: - 아래에

by: - 옆에

behind: - 뒤에

장소 전치사

at: 정확한 한 지점

on: 맞닿아 있는 위

in: 어느 범위

뚱쌤과 함께하는 영문법 요점 정리

전치사는 시간, 장소, 방향에 따라
달라진다.

시간은 작은 범위의 at부터 점점 커지는 순서대로

at - on - in

장소는 놓여 있는 장소에 따라 외우고

방향과 기타 전치사도 꼭꼭 외워요.

방향에 따라 달라지는 잔칫상 방향 전치사

방향 전치사

to: -로

up: - 위로

down: - 아래로

기타 전치사

for: - 위해, -에게, -로

by: -에 의해

of: -의

with: -와 함께, -를 이용해서

요리조리 to전치사

to: -에게

공간과 시간의 골인 지점을 위해 A에서 B로 향할 때

❶ 공간, 사람을 향해: -에, -에게

❷ 시간을 향해: -까지

외워줘~

부자 만들어 주는 도깨비 부사

"금 나와라. 뚝딱!"

"은 나와라. 뚝딱!!"

부사는 부자 되게 해 주는 신기한 도깨비예요.

부사는 자기만 부자가 되는 것이 아니라

명사, 형용사, 부사 모두 부자로 만들어 준답니다.

어떻게 부자가 되냐구요?

명사, 형용사, 부사 모두를 자세하게 설명해 줌으로써

부자가 되어요.

예를 들어

'very'라는 부사가 있어요.

It is 똥.

(똥이라는 명사에 형용사 big을 붙여서)

부사

big 똥

It is big 똥.

(형용사 big에 very라는 부사를 붙여서)

It is very big 똥.

어때요?

똥이 엄청나게 커져서 똥 부자가 되었어요.

she eats 똥.

(she가 나와서 일반동사 eat 뒤에 팬클럽이 붙었네요.)

여기서 '행복하게'라는 부사를 넣어 부자로 만들어 볼게요.

She eats 똥 happily.

똥을 행복하게 먹었대요.

와~ 부사 하나만 들어갔을 뿐인데

문장이 풍성한 부자가 되었죠?

'very'라는 부사도 있지만

형(은)용(감한)사(사람)에다 'ly'만 붙여

부자 부사로 만들어 버리기도 한답니다.

형용사 + ly = 부사

뜻 -하게

nice - nicely

cute - cutely

happy - happily

부사: 형용사, 동사, 부사를 부자로 만들어 주기!

❶ 형용사 + ly: -하게

❷ 때, 시간: 오늘, 일찍, 곧(today, early, soon)

❸ 장소: 여기, 저기(here, there)

❹ 정도: 매우, 많이(very, much)

❺ 빈도: 항상, 종종, 가끔, 거의 없는, 결코 없는

(always, often, sometimes, rarely, never)

❻ 그 외: 오직, 또한, 역시, 너무, 아니다(only, even, also, too, not)

 똥쌤과 함께하는 영문법 요점 정리

부자 만들어 주는 도깨비 = 부사

명사, 형용사, 부사 모두 부자로 만들어 주는 부사

부자로 만들어 준다 = 원래의 뜻을 자세히 설명해 주어 풍부하게 해

석하게 한다.

부사 = 형용사 + ly

뜻 -하게

UNIT 01 의문사 What의 졸졸이 친구 time
느림보 의문사 What의 졸졸이 친구는?

UNIT 02 의문사 How의 졸졸이 친구들 many / much
장사를 하는 의문사 How의 졸졸이 친구들은?

UNIT 03 의문사 How의 졸졸이 친구 old
늙어 보이는 의문사 How의 졸졸이 친구는?

UNIT 04 투명 얼굴의 진실 It의 용법
반쪽 얼굴을 가진 영어의 이름은?

It(잇)의 귀신 얼굴에 쓰인 5개는 무엇인가요?

UNIT 05 파티 먹방에는 잔칫상 전치사

잔칫상에 차려진 음식은 어떤 것들이 있나요?

더듬이가 잔칫상을 따라가나요, 잔칫상이 더듬이를 따라가나요?

잔칫상을 비슷한 3글자로 바꾸면?

전치사는 무슨 괴물이랑 비슷하다고 했나요?

전치사는 무엇에 따라 달라지나요?

UNIT 06 **시간에 따라 달라지는 잔칫상** 시간 전치사

시간에 따라 달라지는 전치사는 몇 가지죠?

제일 작은 원 안에 있고 정확한 시간을 위한 전치사는 뭐죠?

특정한 날, 요일 전치사는 무엇인가요?

계절, 연도 앞에 오는 전치사는 무엇인가요?

UNIT 07 **장소에 따라 달라지는 잔칫상** 위치 전치사

위치 전치사는 다 외웠나요? 5개만 영어랑 뜻이랑 같이 써 봐요.

방향에 따라 달라지는 잔칫상 방향 전치사

앞에서 안 한 나머지 전치사 5개만 영어랑 뜻이랑 같이 이야기해 줘요.

UNIT 09 **부자 만들어 주는 도깨비** 부사

부자 만들어 주는 도깨비의 이름은?

부사 도깨비는 누구를 부자로 만들어 주죠?

'매우'라는 부사는 무엇이었죠?

형용사 뒤에 무엇을 붙여 주면 부사가 되었죠?

5

폭탄
설사똥

똥 먹으면 죽어! 명령문

"똥 먹지 마!"

똥을 먹는 곤충도 있고 짐승도 있지만

우리 친구들은 똥을 먹으면 안 되겠죠?

똥은 진짜 먹으면 안 돼요.

똥쌤이 먹어 봤는데 정말

세상에서 제일 맛이 없었어요.

ㅎㅎㅎ흑~

똥 먹었대요~

"웃지 마!!"

크앙~

"웃지 말라고!!!"

똥쌤이 위에서 한 말 중에 짧으면서 뒤에 '느낌표'가 붙은 표현이

몇 개가 있나요?

3개죠?

그 3개가 바로 **명령문**이에요.

엄마가 쓰는 무시무시한 말들이
대표적인 명령문이라고 보면 되는데요.
뭐가 있을까요?

공부해!
숙제해!
티비 꺼!
핸드폰 내놔!

맞죠?

우리 친구들도 어서어서 커서
명령문을 쓰자구요.
파이팅!

명령문을 영어로는 어떻게 할까요?
한국말처럼 간단해요.

명령문을 만드는 법

❶ be동사 명령문
❷ 일반동사 명령문
❸ Don't + 동사원형
❹ Let's + 동사원형

동사 하나만 쓰면 끝.

먹어! Eat! (잇!)

그만해! Stop! (스탑!)

공부해! Study! (스터디!)

공부하지 마! 부정명령문

'하지 마!'라고 할 때는
일반동사 앞에서 'Do not(두 낫)'만 붙여 주면 돼요.
not은 부정어를 만들 때 쓰는 단어였죠?
Do not은 '하지 마!'입니다.

그럼 엄마의 잔소리 명령문에
not을 붙여 반대로
이야기해 볼까요?

우리가 듣고 싶은 말들
공부하지 마!
숙제하지 마!!
티비 끄지 마!!!
핸드폰 주지 마!!!!

오~ 생각만 해도 어깨가 들썩들썩 기분이 상쾌해지는
아름다운 밤이에요.

영어로 한번 만들어 볼까요?

공부하지 마!
Do not study!
(두 낫 스터디!)

짧게 줄여서 무섭게 이야기합니다.

Don't study! (돈ㅌ 스터디!)
오케이?

친구들, 공부 너무 많이 하지 마세요.
머리 아프잖아요.

근데 똥쌤 책은 머리 아프지 않죠?
공부하다 지칠 땐 즐거운 똥쌤 책을 보도록 해요.
그러면 엄마도 아무 잔소리 안 하실 거라 장담합니다.

엄마가 제일 많이 쓰는 말 = 명령문

명령문 4가지

❶ 비동사 명령문: Be nice! (비 나이스: 착해져라!)

❷ 일반동사 명령문: Study! (스터디: 공부해!)

❸ Don't(Do not) 명령문: Don't study! (돈ㅌ 스터디: 공부하지 마!)

❹ Let's(Let us) 명령문: Let's play! (렛ㅊ 플레이: 놀자!)

Don't 나 Let's 옆에 붙어 있는 코딱지 같은 점은

'어퍼스트로피'라고 하는데요.

꼬딱지를 붙여 주는 이유는 '내가 말을 줄였어' 하고 알려 주는 거예요.

그래서 어퍼스트로피(코딱지)가 나오면

'아, 말줄임표구나' 하고 생각하면 돼요.

두 낫을 돈ㅌ로, 렛 어스를 렛ㅊ로 줄여 발음한답니다.

대박! 감탄문

와~!

헐~~!!

대~~~ 박~~~~!!!

진짜 똥쌤 멋지죠?

공부하지 말라고 하는 쌤이 세상에 어디 있을까요?

그렇죠?

친구들, 지금 똥책을 보면서 공부한다고 생각해요?

지금 친구들은 똥쌤이랑 노는 중이잖아요.

이렇게 쉽고 재미있는데~ 그렇죠?

공부가 재미없다고 생각되면 진짜 재미가 없지만

재미있다고 생각하면 정말 재미있답니다.

모르는 걸 알아 가는 건

세상에서 제일 재미있는 놀이예요.

거기다 친구들이 더 멋있어지고 있잖아요.

우리 함께 고고씽~ 하자구요.

감탄문을 이야기하다가 딴소리로 넘어갔네요.

잠시 거울 좀 보고 갈게요.

세상에서 제일 멋지고
예쁜 얼굴 보고 왔나요?
푸하하하하하~

감탄문은
'와!', '헐!', '대박!' 이렇게 짧게 쓰기도 하지만

'정말 멋진 얼굴이야!'
'정말 아름다운 똥인걸!'
처럼 문장으로 쓰기도 해요.

그럼 영어로는 어떻게 쓰는지 한번 살펴볼게요.

What + a + 형용사 + 명사 + 주어 + 동사

줄여서

What a 형명주동

How + 형용사 / 부사 + 주어 + 동사

줄여서

How 형부주동

우선 이렇게 외워야 해요.

문법은 말 그대로 법이거든요.

법은 내가 정하는 게 아니라 정해진 것을 따라야 하는 거죠?

영어의 문법도 법칙이기 때문에

이미 정해진 대로 따라야 하는 거예요.

슬프지만 내 맘대로 이야기하면 아무도 못 알아듣거든요.

그래서 어쩔 수 없이 외워야 하는 부분이 많답니다.

그래도 한번 잘 외워 두면 또 외우지 않아도 되니까
꼭 외워 주세용~ 부탁해용~~

"와~ 진짜 못생긴 쌤이야!" 하고 말하면
속이 좀 시원해질지도 몰라요.
해 볼까요?

이것은 입에서 나오는
소리가 아녀!

먼저 What 감탄문 법칙, 기억나요?

What a 형명주동

못생긴 - 형용사 ugly (어글리)
선생님 - 명사 teacher (티철)

What an ugly teacher she is! (왓 언 어글리 티철 쉬 이즈!)

You! 천재이심!

How로도 한번 해 봐요.

How 형부주동

How ugly she is! (하우 어글리 쉬 이즈!)

베리 굿!!

여기서 더 좋은 소식은 뒤에 나오는 주어 동사가 없어도
상관없다는 거예요.
즉, 문장이 더 짧아져도 된답니다.
헤헤헤~ 좋다!

그럼 한 번 더 연습!
What an ugly teacher!
How ugly!

어때요, 속이 좀 시원해졌나요?
두 감탄문의 차이점은 명사 teacher죠?
그래서 명사가 있으면 What으로 감탄문을 만들고
없으면 How로 감탄문을 만들면 돼요.

감탄문 생각할 때마다
못생긴 똥쌤을 생각하면서
두 문장 외워 봐용~

인터넷 접속은 중요해 접속사

식당에 밥을 먹으러 가면

어른들은 엄청 말이 많아요.

나는 밥을 다 먹었는데,

심심한데,

할 일이 없는데….

그래서 엄마한테 조용히 물어보죠.

"엄마, (나 정말 심심한데) 핸드폰…."

이때 중요한 조건이 있어요.

식당에 와이파이가 연결되어야 엄마가 쿨하게 핸드폰을 주신다는 사실!

와이파이나 인터넷 연결이 안 되면 유튜브에 접속이 안 되죠?

인터넷에 접속이 안 되면

핸드폰이나 컴퓨터로 재미있는 것들을 할 수가 없어요.

영어에도 접속사가 중요하답니다.

접속사는

and(앤) / or(올) / but(벝)

그리고 / 아니면 / 그러나

이어줌 / 선택 / 반대

뽀로로와 친구들….

뽀로로만 있으면 재미가 없죠?

뽀로로와 친구들이 있어야 훨씬 재미있어요.

이럴 때 이어주는 '와'가 접속사 and예요.

엄마가 물어요.

"밥 먹을래, 아니면 라면 먹을래?"

이럴 때 '아니면'이라는 접속사가 or!

똥쌤은 친절하지만 무서워요.

이럴 때 '하지만(그러나)'라는 접속사가 but!

도와줘~ 동사 조동사

be동사와 일반동사는 붙어 있기만 하면 싸운다고 했죠?

그래서 그 두 동사를 도와주는 동사가 있어요.

그 이름은 바로

도와줘~ 동사

줘~ 동사

조동사입니다.

천사처럼 도와준다고 해서 천사 동사라고도 했죠.

조동사는 be동사나 일반동사를 도와주는 일을 하는데요.

조동사한테는 어떤 자식들이 있는지 알아볼게요.

can: -할 수 있다.

will: -할 것이다.

must: -해야 한다.

shall: -일 것이다.

may: ❶ -일지도 모른다.

　　　"너 똥 쌌을지도 모른다."

　　　❷ -해도 좋아.

　　　"너 화장실 가서 똥싸도 좋아."

must = have to: -해야 한다. (강하게 째려보면서 말하는 엄마 생각)
너 숙제해야 한다. (안 하면 죽을 것 같아요. 무서워!)

should: -해야 해. (부드럽게 웃으면서 말하는 아빠 느낌!)
너 엄마 말 잘 들어야 해. (덜 무섭다!)

could(쿠드) / would(우드)

can: -할 수 있니? 가능해?

could: -할 수 있겠어요? 가능하십니까?

will: -할 것이니?

would: -하고 싶니? (너 스스로 자발적으로 하고 싶니?)

can / will의 과거형 could / would는
좀 더 공손하고 부드러운 표현입니다.

뭐든지 할 수 있는 캔 can

"친구들 음료수 캔 딸 수 있어요?"

"당근이죠."

can

뜻 –할 수 있다

정체: 도와주는 조동사

특징: 조동사 뒤에는 항상 메이크업 안 한 동사원형이 와야 한다.

나는 수영한다.

I swim. (아임 스윔.)

나는 수영할 수 있다.

 I can swim. (아이 캔 스윔.)

그녀는 수영한다.

She swims. (쉬 스윔즈.)

(she가 아이돌이기 때문에 일반동사 뒤에 팬클럽 s가 붙는다.)

She can swim. (쉬 캔 스윔.)

(She가 아이돌이지만 조동사가 일반동사를 도와서 팬클럽이 붙을 수 없다.)

내일 나는 똥파리를 죽일 거야 will

조동사 will

뜻 -할 것이다

정체: 동사를 도와주는 조동사

특징 ❶: will 조동사 뒤에는 메이크업 안 한 일반동사의
　　　　원래 형태가 와야 한다.

특징 ❷: 생긴 것은 달라도 뜻이 같은
　　　　be going to가 있다.

둘 다 미래를 나타내지만

be going to는 가까운 미래를 나타낼 때 쓴답니다.

똥쌤의 똥에 똥파리가 날아다녔다.

I will kill you

나는 너를 죽인다.

I kill you.

(미래에) 난 널 죽일 거야.

I will kill you. = I am going to kill you.

천사같이 도와주는 동사: 조동사

조동사에는

must(머스트: -해야 한다),
have to(해브 투: -해야 한다),
can(캔: -할 수 있다),
will(윌: -할 것이다 = be going to)

등이 있어요.

조동사 뒤에는 항상 동사 쌩얼(동사원형 = 동사 원래의 형태)이 와요.

시 제목: 어제, 오늘, 내일 시제

똥쌤이 시를 하나 썼어요.

시 제목: 어제, 오늘, 내일

어제는 토끼똥
오늘은 개똥
내일은 코끼리똥
싸고 싶다.

시 제목이 뭐죠?
어제, 오늘, 내일이죠.

그럼 시제는 뭘까요?
바로 어제, 오늘, 내일이에요.

시제를 알려주고 싶어서
시 제목을 어제, 오늘, 내일이라고 지었어요.
기억할 수 있겠죠?

시제는 중요해요.

어제 - 과거 / 오늘 - 현재 / 내일 - 미래에 일어난 일들이
서로 헷갈리거나 섞여 버리면 큰일나니까요.

어제도 오늘도 내일도 코끼리똥만 싸면 큰일이잖아요.
냐하하하하하~

시제를 잘 지켜야만 대화가 가능해요!

어제 학교에서 똥을 눌 것이다.

이상하죠?

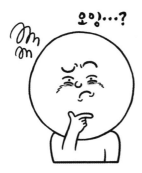

영어도 시제를 잘 지켜서 써야 하는데요.

시제는 똥싸가 결정한답니다.

킹왕짱의 날씬한 과거 be동사 과거형

> **Q** 킹왕짱 동사는?
>
> **A** am / are / is
>
> = be동사
>
>
> **Q** 어제의 일은 과거, 현재, 미래 중에 뭐죠?
>
> **A** 과거요.

이제 be동사의 과거에 대해서 알아볼게요.

be동사의 현재형: am / are / is
뜻 -이다, -하다

be동사의 과거형: was / were
뜻 -이었다, -했다

be동사 과거형은 2개뿐이죠? 그래서 아주 간단하고 가벼운 똥싸예요.

현재	am	are	is
과거	was	were	was

문제는 일반동사예요.

일반동사는 그 수가 너무 많아 살짝 힘들지도 몰라요.

그래도 똥쌤과 함께라면 걱정 없이 할 수 있어요.

무거운 똥싸의 과거형으로 가 봅시다.

뚱땡이의 뚱뚱한 과거 일반동사 과거형

be동사의 과거형은 간단하게 2개만 외우면 아무 문제 없었어요.

> **Q** am / are / is의 과거는?
> **A** was / were

하지만 우리 뚱땡이 일반동사를 과거형으로 만들려면

일반동사의 과거 모습으로 돌아가야 해요.

일반동사 현재

일반동사 과거

> **Q** 어떻게 더 뚱뚱해집니까?
> **A** 대부분의 동사 뒤에 d나 ed를 붙여
>   더 뚱뚱하게 만듭니다.

jump 뛰다. → ed를 더하면 → jumped 뛰었다.

dance 춤추다. → d를 더하면 → danced 춤췄다.

일반동사 뒤에 'd / ed'를 붙여 주면 '-했다'라는 더 뚱뚱한 과거형 완성!

그런데…

약간의 문제가 있어요.

규칙적으로 일반동사에 d나 ed를 붙여 더 뚱뚱해지는

규칙동사만 있는 것이 아니라

규칙을 아주아주 싫어하는 불규칙동사들도 있거든요.

불규칙동사들은 더 뚱뚱해지는 게 싫었던 거예요.

"난 더 뚱뚱해지기 싫어. 날씬해지고 싶단 말이야!"

일반동사의 불규칙동사들

현재	과거	과거분사	형태
eat(먹다)	ate	eaten	A-B-C형
run(뛰다)	ran	run	A-B-A형
win(이기다)	won	won	A-B-B형
cut(자르다)	cut	cut	A-A-A형

표에서 보듯이 동사 뒤에 d나 ed를 붙여 더 뚱뚱하게 만들지 않고
여러 형태를 가지고 규칙 없이 맘대로 바뀌고 있죠.

Q 똥쌤, 불규칙동사들은 어떻게 해야 해요?
A 그냥…
　열심히…
　어쩔 수 없으니…
　한숨 한 번 쉬고…
　외우고…
　또 외우면…
　됩니다.

선생님도 불규칙동사 외우는 게 진짜 너무 싫었거든요.

그래서 외우지 않다 보니
아주 쉬운 단어도 무슨 뜻인지 도무지 알 수가 없었어요.
그게 바로 불규칙동사 과거형이었답니다.

친구들도 너무 속상해하지 말고
조금씩 외워 보아요!
라고 말하고 싶지만…

사실
조금씩 외우는 것보다는 한꺼번에 외우는 게 좋아요.
영어를 다 읽을 수 있는 친구들은
하루만 눈 딱 감고 노력하면 불규칙동사 과거형 단어를
모두 단번에 외울 수 있답니다.

진짜예요.
한번 해 보세요.

시제 = 어제(과거), 오늘(현재), 내일(미래)

과거시제 = 과거, 지나간 일에 대해 써야 한다.

어제 일어난 일에 대해 묻고 있는데 현재형이나 미래형으로 대답하면

삐뽀삐뽀~ 안 돼요!

be동사 과거 = was / were

일반동사 과거 = 동사 뒤에 d / ed 붙여서 과거임을 꼭 알려준다.

일반동사 불규칙 과거 = 무조건 외워야 합니다.

UNIT 01 똥 먹으면 죽어! 명령문

엄마가 맨날 하는 말은?

그렇게 명령하는 말을 무엇이라고 하나요?

명령문 만드는 방법 4가지를 말해 볼까요?

UNIT 02 공부하지 마! 부정명령문

'공부하지 마'를 영어로 표현해 볼까요?

UNIT 03 대박! 감탄문

'와, 진짜 못생긴 선생님이야!'를 영어로 하면?

What과 How로 시작하는 2개의 법칙을 말해 볼까요?

UNIT 04 **인터넷 접속은 중요해** 접속사

와이파이 접속만큼 중요한 것은 무엇이죠?

접속사 3개는? 또 그 뜻은 뭐죠?

UNIT 05 **도와줘~ 동사** 조동사

천사 동사의 이름은 뭐죠?

조동사 5개를 영어랑 뜻이랑 같이 이야기해 볼까요?

뭐든지 할 수 있는 캔 can

할 수 있는 캔의 이름은 뭐죠?

조동사 뒤에는 항상 누가 와야 하나요?

내일 나는 똥파리를 죽일 거야 will

'-할 것이다'의 조동사는 무엇이죠?

will과 같은 뜻으로 쓸 수 있는 다른 표현은 무엇일까요?

시 제목: 어제, 오늘, 내일 시제

똥쌤이 쓴 시의 제목은 무엇인가요?

시제란 무엇인가요?

킹왕짱의 날씬한 과거 be동사 과거형

힘센 동사는 무엇이죠?

be동사의 과거는?

뚱땡이의 뚱뚱한 과거 일반동사 과거형

뚱땡이 동사는 무엇이죠?

일반동사의 과거는 무엇이죠?

일반동사가 더 뚱뚱해지는 것을 반대하는 동사를 무엇이라고 하나요?

불규칙동사는 어떻게 해야 하나요?

6

방구만 뿡뿡
변비

네 똥이 더 큰데? 비교급

개미가 똥을 찍 쌌어요.

"내 똥 크지?"

그걸 본 왕파리가 피식 웃으며 똥을 뽀지직 쌌어요.

"내 똥이 네 것보다 더 크지?"

그러자 개구리가 후훗 하며 똥을 푸드득 쌌어요.

"내 똥 맛을 봐라."

개미똥   왕파리똥   개구리똥

누구 똥이 제일 클까요?

개미똥보다 왕파리똥이 더 크겠죠?

왕파리똥보다 개구리똥이 훨씬 크겠죠?

이럴 때 우리는 비교급을 써야 한답니다.

big(큰) – bigger(더 큰)

small(작은) – smaller(더 작은)

비교급을 만드는 방법

❶ 형용사 / 부사 + er

형용사나 부사 뒤에 er만 붙여주면 돼요.

small(스몰) – smaller(스몰러)

❷ y로 끝나면 = y를 i로 고치고 + er

(y가 중간에 들어가면 쓰기가 불편하지만 소리는 같아요!)

happy(해피) – happier(해피얼)

❸ 모음 하나 자음 하나로 끝이 나면

끝에 나오는 자음을 하나 더 써 주고 + er

big(빅) – bigger(비걸)

er

얼~
니 똥이
더 큰데?

얼~
니 똥이
더 큰데?

Q 왜 biger이 아니라 bigger인가요?

A 모음 5인방 AEIOU는 중요한 알파벳인데
하나밖에 없으니까 왠지 불쌍해 보이는 거예요.
그래서 뒤에 따라오는 자음(모음이 아닌 알파벳)을
한 번 더 써 주는 거예요.

불쌍하니까 하나만 더 써 주자구요!

fat – fater (×) – fatter (○)

hot – hoter (×) – hotter (○)

Q 그런데 똥쌤,
expensive(비싼)라는 단어에 er 붙여서
'더 비싼'이라는 비교급을 만들다가
"야 너 방금 욕했냐?"라고 말한 엄마한테 등짝을 맞았어요.
엄마가 왜 그러시는 걸까요?

A 헉!
친구들 혼자서 조용히 발음해 보세요.
큰 소리를 내면 안 돼요.
expensive(익스펜시브) – expensiver(익스펜시벌)
발음 어쩔… 책임져요.
이렇게 발음하면 엄마한테 맞아요.

익스펜시블!

오옷~ 불꽃 싸대기!

more than

익스펜…!

읃

헉!

발음이 웃기거나
혀가 꼬일 수도 있을 경우에는
단어가 좀 길어지는 게 나을 거예요.
3음절 이상, 그러니까 전체 단어에서 aeiou,
즉 모음의 소리가 3개 이상이면
단어 앞에 more을 붙여주면 돼요.

more: 3음절 이상 단어 앞에 붙여 주는 비교급

뜻 더

more의 절친: than (-보다)

more

expensive - more expensive

interesting - more interesting

비교급의 베프(베스트 프렌드)는 than(-보다)이라는 사실, 꼭 기억하세요.
than이 없으면 비교급이 아니랍니다.

누구 똥이 제일 큰가? 최상급

그럼 개미, 파리, 개구리 중 누구의 똥이 가장 큰가요?

개구리 똥이 제일 크죠?

'가장 -한'이라는 표현을 쓰고 싶을 때

우리는 최상급을 씁니다.

최상급 = 제일 -한

big - bigger - biggest

expensive - more expensive - most expensive

최상급 만드는 방법

❶ 단어 뒤에 -est를 붙인다.

small - smaller - smallest

❷ 단어가 e로 끝나면 -st만 붙인다.

cute - cuter - cutest

❸ y로 끝나면 y를 i로 고치고 -est를 붙인다.

happy - happier - happiest

❹ 모음 하나 자음 하나로 끝나면

자음을 하나 더 붙여 주고 -est를 붙인다.

big - bigger - biggest

the biggest 똥

❺ 단어가 길면 단어 앞에 most를 붙인다.

expensive - more expensive - the most expensive

❻ 최상급의 절친은 the!

최상급에 the가 빠지면

휴지 없이 화장실 가서 똥싼 기분입니다.

까먹지 마요.

비교할 때 쓰는 것 = 비교급

비교급은 짧은 형용사, 부사 뒤에 er 붙이기

긴 형용사, 부사는 앞에 more 붙이기

er(얼)/ more(몰 : 더) 비교급의 베프는 than (댄 : -보다)

제일 - 한 : 최상급

최상급은 짧은 형용사, 부사 뒤에 est 붙이기

긴 형용사, 부사는 앞에 most (모스트 : 가장 -한) 붙이기

est / more 최상급의 베프는 the (더)

비교급과 최상급은 베프가 없으면 외로워해요.

으뜸이 주어 주어

Q 명사가 뭐지요?

A 이름

Q 대명사는 뭐였지요?

A 명사를 대신해 주는 것들.

Q 3단이라고 불리는 아이돌이 누구죠?

A He / She / It

오~ 진짜 짱인걸?

친구들 너무 사랑스러워서

똥쌤이 뽀뽀해 줄게요~ 이리 오셩~~

더러워서 싫다고요?

쏘리!

명사와 대명사 아이돌 모두 다

주어라고 합니다.

주동보목

> **Q** 주어란?
>
> **A** 으뜸이 명사 = 해석: 은 / 는 / 이 / 가
>
> **Q** 동사란?
>
> **A** 똥싸다. '다'로 끝나고
>   동작, 상태를 나타낸다.

Q 동사의 종류 세 가지?

A be동사 / 일반동사 / 조동사

Q 보어란?

A 명사 / 형용사 / 보어를 보충해 주는 것!

Q 목적어란?

Q '을 / 를'로 해석되는 것!

구구절절 엄마의 잔소리 구와절

엄마는 영어 공부를 해야 하는 이유에 대해 말씀하셨다.

첫째는 ~~~~~구

둘째는 ~~~~~~~~~~구

셋째는 ~~~~~~~~~~~~~~~~~~절

넷째는 ~~~~~~~~~~~~~~~~~~~~~~~~~~절

구구절절이 뭐냐고요?

구구절절이란 한자어인데요,

'하는 말 모두 다'라는 의미예요.

엄마가 말을 시작하면 계속 말하죠?

듣기 싫은 잔소리도 계속 이어지죠?

이런 말을 구구절절이라고 하는 거예요.

자, 다시 영어 이야기로 돌아와서…

영어에서도 구와 절이 중요해요.

구구절절

구 - 짧아

구 - 단어

절 - 길어

절 - 주 + 동(주어 + 동사)

랩처럼 외워 두면 나중에 구, 절이 나왔을 때 헷갈리지 않을 거예요.

무슨 말인지 이해 안 되어도 그냥 랩으로 외워 보세요.

구구절절 랩 시작!

사장님 똥싸 사역동사

회사에서 제일 일을 많이 시키는 사람은?
사장님이죠.

영어 동사에도 사장님처럼
일을 시키는 동사들이 있어요.

이 동사들을 사역동사라고 해요.

사장님 역할을 하는 동사(사역동사):
make(메이크) / let(렛) / have(해브)

애들은 스스로 일을 하는 게 아니라
남에게 일을 시키는 사장님 동사예요.
일반동사에게 일을 시켜야 하기 때문에
사역동사 뒤에는 일반동사가 나와야 해요.

사역동사 뒤에는 항상 동사의 원형!
쌩얼이 나와야 합니다.

사장님보다 예뻐 보이면 혼나기 때문에 메이크업은 노노!
사장님이 더 높은 직위에 있기 때문에 사장님 동사가 먼저 나와요.

사역동사와 뜻

have: -하도록 하다.

make: (강제로) -하게 만들다.

let: -하도록 허락하다, -하게 하다.

엄마가 나를 공부하게 만들었다.

Mom makes me study.

엄마 나빠요!

사장님 나빠요!!!

사역동사 나빠요!!!

눈, 코, 입, 귀 느낌 있게 똥싸 지각동사

Q 너 왜 지각했니?

A 지각한 이유가 뭐냐면요,

엄마가 잘생긴 남자 주인공이 나오는

드라마를 너무 열심히 보고 계실 때, (see, watch: 보다)

뭔가 타는 냄새가

나는 거예요. (smell: 냄새 맡다)

옆집인가 보다 했는데…

우리 집에서 펑 터지는 소리가

나는 거예요. (hear, listen to: 듣다)

아뿔싸! 느낌이 똬~악… (feel: 느끼다)

엄마가 다다다다닥 우사인 볼트처럼 뛰어가서 불을 끄고

맛을 보시더니, (taste: 맛을 보다)

우웩~

그래서 재~수! 좋게

룰루랄라 라면을 끓여 먹고 왔어요.

그래서 지각한 거예요.

지각동사를 몽땅 소개했어요.

지각동사는 보고 듣고 맛보고 냄새 맡고 느끼는 동사들을 가리켜요.

이제 지각한 이야기를 떠올리면서

지각동사를 기억하세요.

사역동사	사장님 동사	뒤에 항상 동사원형
지각동사	'눈코입귀느낌' 동사	

그러나

'-하고 있는 것'을 '눈코입귀느낌' 지각동사가,

즉 보고 듣고 느끼는 것들이 지금 하고 있는 중이라면

동사원형 대신 -ing를 쓸 수도 있습니다.

I see mom burn rice.

I see mom burning rice.

❶ 엄마의 잔소리: 구구절절

　　구: 짧아 단어

　　절: 길어 주동(주어+동사)

❷ 사장님 동사: 사역동사

　　= 시키는 동사: make, let, have(-하게 하다)

❸ 지각쟁이 동사: 지각동사

　　= 눈코입귀 느낌 동사: see, smell, hear, feel, taste

※ 사역동사, 지각동사 뒤에는 동사원형 붙이기

UNIT 01 네 똥이 더 큰데? 비교급

개미, 왕파리, 개구리 똥 중에 누구 똥이 제일 큰 가요?

더 크다는 것을 비교할 때 무엇을 쓸 수 있나요?

형용사나 부사 뒤에 무엇을 붙여 주면 비교급이 되나요?

형용사가 부사의 길이가 길면 끝에 'er' 대신 앞에 무엇을 붙여 주나요?

'er'이나 'more'와 함께 꼭 붙어 다니는 베프는 누구인가요?

UNIT 02 **누구 똥이 제일 큰가?** 최상급

최상의 똥이라고 말하고 싶을 때 무엇이 필요한가요?

최상급의 뜻은 무엇인가요?

최상급은 어떻게 만드나요?

단어가 길면 앞에 무엇을 붙여야 하나요?

최상급의 베프는 누구인가요?

UNIT 03 **으뜸이 주어** 주어

명사, 대명사, 아이돌 3단을 합쳐서 뭐라고 부르나요?

주어는 무슨 뜻으로 해석할 수 있죠?

동사는 어떤 종류가 있나요?

보어는 무엇을 보충해 주는 것이죠?

목적어는 뭐라고 해석할 수 있나요?

UNIT 04 **구구절절 엄마의 잔소리** 구와 절

엄마의 잔소리를 4글자로 하면?

구는 짧아요, 길어요?

절은 단어인가요, 주동(주어+동사)인가요?

UNIT 05 **사장님 똥싸** 사역동사
사장님처럼 일 시키는 동사를 4글자로 하면 뭐죠?

사역동사의 종류는 무엇이죠?

사역동사 뒤에 나와야 하는 것은 무엇인가요?

UNIT 06 **눈, 코, 입, 귀, 느낌 있게 똥싸** 지각동사
지각한 이유를 순서대로 이야기해 보세요.

이야기 속에 나오는 지각동사는 몇 개인가요?

지각동사 뒤에 나와야 하는 것은 무엇이죠?

지금 하고 있는 지각동사라면 동사원형 대신 붙일 수 있는 것은 뭐죠?

반복에 대하여

여기까지 오느라 고생했어요.

이제 3초 쉬고

다시 맨 앞장으로 갈 거예요.

1	2	3	4	5

1번에 체크하고

다시 새 마음으로 똥싸러 갑시다!

친구들에게

똥을 좋아하는 친구들에게 올립니다.

친구들, 똥쌤 책 보니까 좋았죠?

라면 먹으면서 영어 공부를 할 수 있어서 좋았나요?

그런데 계속 똥이 나와서 미안해요.

그래도 여전히 라면은 맛있죠?

선생님은 영어를 잘해요.

당연하겠죠. 영어 선생님이잖아요.

미국 사람이랑 쌀라쌀라 이야기도 잘할 수 있고

영어 시험도 100점 받을 수 있어요.

영어를 어떻게 잘하게 되었는지 알려줄까요?

이걸 알고 나면 친구들이 영어를 더 잘하게 되는 건 시간문제예요.

선생님이 맨 첫 장에서 영문법이 너무 어려워서

영어를 포기할까 생각했다고 했죠?

사실 선생님은 한 번 두 번 들어도

잘 이해를 못해요(머리는 큰데 머리가 나빠요).

그런데…

그런데…

그런데…

그런데 똥쌤이 그만 영어 선생님을 짝사랑하게 된 것 아니겠어요?

그래서 그 영어 선생님한테 칭찬받기 위해 폭풍 영어 공부를

시작한 거랍니다.

원래부터 잘한 게 절대 아니라는 사실!

그럼 지금부터 무엇을 하면 될까요?

주위에 있는 영어 선생님을 좋아하기 시작하면 끝.

좋아할 사람이 없다고요?

아직 스폰지밥이랑 도라에몽을 사랑하는군요?

이제는 사람을 좋아할 나이가 되었어요.

친구들은 스펀지도 아니고 파란머리 동물도 아니잖아요.

떠오르는 영어 선생님이 없다면

좀 냄새나는 똥쌤을 좋아해 보는 건 어떨까요?

에이~

비!

친구들이 부르면 어디든지 달려갑니다.

똥쌤 출발~ 번개맨처럼 나타나서 친구들과 함께 공부를 해 볼 거예요.

친구들 그때까지 안녕!

똥쌤 수업한다고 하면 번개처럼 나타나서 응원해 주길 바라요.

그때까지 이 책 10번, 20번, 30번 읽고

똥싸고 있는 동생도 가르쳐 주고 하면 어떨까요?

그럼 또 앞으로 전진!!

앞에서부터 다시 책 한번 읽어 봅시다.

아이 러브 유!!!

학부모님들께

영어는 쉽게 배울 수 있습니다.

영어는 돈 많이 안 들이고 배울 수 있습니다.

도대체 어떻게 하냐구요?

이 글을 읽고 계신 학부모님들과 함께라면 가능합니다.

똥쌤과 함께라면 더 확실히 할 수 있습니다.

수업을 하다 보면 아이들이 매번 문법을 귤처럼 까먹더군요.

장기기억으로 전환이 안 되어서 계속 같은 것을 반복해야 하니까

아이들도 지겹고 저도 지겨웠습니다.

열심히 궁리했습니다.

3년 전에 본 〈무한도전〉은 지금까지도 생각나는데, 왜 이건 이렇게 반복

을 해도 기억에 저장되지 않을까?

재미있고 인상적인 것은 한 번만 봐도 기억에 남잖아요.

그래서 세상의 모든 아이가 좋아하는 똥을 주제로 책을 만들었습니다.

아이들이 쉽고 재미있게 영어 문법과 친해지도록 해 보았습니다.

아이들이 빵빵 터지면서 책을 보았으면 했는데 어땠는지요?

우리 학부모님들의 소원은?

아이가 스스로 공부하는 거죠?

그럼 아이가 스스로 공부하게 하려면 어찌해야 할까요?

잔소리 두 번 참고, 칭찬 한 번 부탁드립니다.

(이 글을 보고 있는 초등학생 1학년이 저에게 빵긋 웃으며 엄지 척을 하네요.)

선생으로 살면서 저는 선생이 아니라 도인이 되는 기분입니다.

잔소리를 안 하려고 입을 앙다물고 주먹을 불끈 쥡니다.

물론 저의 생계가 달린 문제라서 더 자연스럽게 아니, 더 열심히 하는 부분도 있겠지요.

하지만 적어도 이 책을 보고 있는 아이들에게는 누워서 보든, 라면을 먹으면서 보든, 티비를 보면서 보든, 어디서 어떻게 보든 잔소리하지 마시고 칭찬 한마디만 부탁드립니다.

(칭찬이라고 하면서 "자~알 한다" 이렇게 액센트 넣어 말씀하시는 건 아니겠죠?)

칭찬하실 때 슬며시 똥쌤 책의 목차를 훑어보고 무슨 내용이냐고만 물어주세요.

어느새 아이들은 문법 왕이 되어 있을 겁니다.

문법책을 봤다고 해서 문법 문제를 풀게 하지는 마세요.

반복하고 반복하면 스스로 문제를 풀고 자랑하고 싶은 순간이 옵니다.

잠시만 기다려 주세요.

이렇게 마지막 페이지까지 관심을 가지고 읽어 주신 학부모님들께 진심으로 감사드립니다.

앞으로도 대한민국의 아이들이 돈 많이 들이지 않고 쉽게 영어를 배울 수 있도록, 열심히 연구하고 노력하는 선생이 되도록 최선을 다하겠습니다.

항상 평안하십시오.

잔소리가 늘면 얼굴주름만 늘어납니다.

감사합니다.

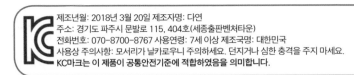

제조년월: 2018년 3월 20일 제조자명: 다연
주소: 경기도 파주시 문발로 115, 404호(세종출판벤처타운)
전화번호: 070-8700-8767 사용연령: 7세 이상 제조국명: 대한민국
사용상 주의사항: 모서리가 날카로우니 주의하세요. 던지거나 심한 충격을 주지 마세요.
KC마크는 이 제품이 공통안전기준에 적합하였음을 의미합니다.

똥쌤의
3초
영문법

초판 1쇄 인쇄 2018년 3월 13일
초판 1쇄 발행 2018년 3월 20일

지은이 | 신혜영
펴낸이 | 전영화
펴낸곳 | 다연
주　소 | (413-120) 경기도 파주시 문발로 115 세종출판벤처타운 404호
전　화 | 070-8700-8767
팩　스 | 031-814-8769
이메일 | dayeonbook@naver.com
그　림 | 아델 디샤넬
편　집 | 미토스
디자인 | 디자인 [연:우]

ⓒ 신혜영

ISBN 979-11-87962-42-7 (63740)